الـمَـســنَـدْ

فِي حَيَاةِ وَطَرِيقَةِ وَتَرَاجِمِ بَعْضِ أَصْحَابِ التِّجَانِي

سَيِّدِي أَحْمَدْ

تَأْلِيفُ الشَّرِيفِ: مُحَمَّدٍ بْنِ السَّيِّدِ البَشِيرِ بْنِ الحَاجِّ امْحَمَّد التِّجَانِي

عُنْوَانُ الكِتَابِ : المَسْنَدْ فِي حَيَاةِ وَطَرِيقَةِ وَتَرَاجِمِ بَعْضِ أَصْحَابِ التِّجَانِي سَيِّدِي أَحْمَدْ

المُؤَلِّفُ : الشَّرِيفُ مُحَمَّد بْن السَّيِّدِ البَشِيرِ بْنِ الحَاجِّ المُحَمَّد التِّجَانِي

حُقُوقُ الطَّبْعِ مَحْفُوظَة

الطَّبْعَةُ الأُولَى سَنَة 1441 هـ – 2020 م

رقم الهاتف والواتساب:

+2348123243502

بِسْمِ اللّٰهِ الرَّحْمَنِ الرَّحِيمِ

إِهْدَاءٌ وَشُكْرٌ

أُهْدِي هَذَا العَمَلَ المُبَارَكَ لِوَالِدِي الشَّرِيفِ السَّيِّدِ البَشِيرِ بْنِ الخَلِيفَةِ الحَاجِّ امْحَمَّد بْنِ الخَلِيفَةِ سَيِّدِي مَحْمُودٍ بْنِ الخَلِيفَةِ سَيِّدِي البَشِيرِ بْنِ الخَلِيفَةِ سَيِّدِي مُحَمَّدٍ الحَبِيبِ بْنِ سَيِّدِنَا الخَتْمِ التِّجَانِي رَضِيَ اللّٰهُ عَنِ الجَمِيعِ. وَأَتَقَدَّمُ لِوَالِدِي بِالشُّكْرِ الجَزِيلِ عَلَى مَا أَحَاطَنِي بِهِ مِنَ الرِّعَايَةِ التَّامَّةِ وَمِنَ الإِعَانَةِ فِي هَذَا العَمَلِ.

الشَّرِيفُ: مُحَمَّدُ بْنُ السَّيِّدِ البَشِيرِ بْنِ الحَاجِّ امْحَمَّد التِّجَانِي رَضِيَ اللّٰهُ عَنَّا جَمِيعاً.

مُقدِّمة

بِسْمِ اللَّهِ الرَّحْمَنِ الرَّحِيمِ

وَالصَّلَاةُ وَالسَّلَامُ عَلَى سَيِّدِنَا وَمَوْلَانَا رَسُولِ اللَّهِ وَعَلَى آلِهِ وَصَحْبِهِ وَمَنْ اهْتَدَى بِهُدَاهُ.

أَمَّا بَعْدُ، فَإِنَّ عَمَلَ الأُمَّةِ جَرَى عَلَى التَّعْرِيفِ بِالأَكَابِرِ فِي كُلِّ زَمَانٍ، وَقَدْ أَلَّفَ العُلَمَاءُ قَدِيماً وَحَدِيثاً فِي تَرَاجِمِ الرِّجَالِ، حَتَّى صَارَتْ مَعْرِفَةُ الرِّجَالِ عِلْماً بِذَاتِهِ، فَتَرَى كُتُبَ الطَّبَقَاتِ فِي كُلِّ فَنٍّ تَتَرَصَّدُ رِجَالَهُ وَتَتَبَّعُ حَيَوَاتِهِمْ وَأَخْذَهُمْ وَعَطَاءَهُمْ، وَوَفَيَّاتِهِمْ وَمَشْيَخَاتِهِمْ وَتَلَامِيذَهُمْ وَآثَارَهُمْ، وَعَلَى هَذَا السَّنَنِ المُمَهَّدِ نَتَتَبَّعُ أَبْرَزَ مَرَاحِلِ حَيَاةِ شَيْخِنَا أَحْمَدَ بْنِ مُحَمَّدٍ التِّجَانِي رَضِيَ اللَّهُ عَنْهُ (فِي فَصْلٍ أَوَّلٍ) وَطَرِيقَتَهُ (فِي فَصْلٍ ثَانٍ) وَتَرَاجِمَ بَعْضِ تَلَامِذَتِهِ (فِي فَصْلٍ ثَالِثٍ).

الشَّرِيفُ: مُحَمَّدُ بْنُ السَّيِّدِ البَشِيرِ بْنِ الحَاجِّ امْحَمَّد التِّجَانِي

رَضِيَ اللَّهُ عَنَّا جَمِيعاً

الفَصْلُ الأَوَّلُ: تَرْجَمَةُ سَيِّدِنَا الشَّيْخِ أَحْمَدَ بنِ محَمَّدٍ التِّجَانِي:

يَقُولُ الشَّرِيفُ أَبُو عَبْدِ اللَّهِ مُحَمَّدُ بْنُ جَعْفَرَ بْنِ إِدْرِيسَ الكَتَّانِي: وَمِنْهُمْ الشَّيْخُ الوَاصِلُ، القُدْوَةُ الكَامِلُ، الطَّوْدُ الشَّامِخُ، العَارِفُ الرَّاسِخُ، جَبَلُ السُّنَّةِ وَالدِّينِ، وَعَلَمُ المُتَّقِينَ وَالمُهْتَدِينَ، العَلَّامَةُ الدَّرَّاكَةُ، المُشَارِكُ الفَهَّامَةُ، الجَامِعُ بَيْنَ الشَّرِيعَةِ وَالحَقِيقَةِ، الفَائِضُ النُّورِ وَالبَرَكَاتِ عَلَى سَائِرِ الخَلِيقَةِ، الوَاضِحُ الآيَاتِ وَالأَسْرَارِ، وَمَعْدَنُ الجُودِ وَالافْتِخَارِ، البَحْرُ الزَّاخِرُ الطَّامُّ، المُعْتَرِفُ بِخُصُوصِيَّتِهِ الخَاصُّ وَالعَامُّ، نَادِرَةُ الزَّمَانِ[1] . . .

وَيَقُولُ العَلَّامَةُ مُحَمَّدُ البَشِيرُ ظَافِرُ الأَزْهَرِي: أَحْمَدُ بْنُ مُحَمَّدٍ بْنِ المُخْتَارِ بْنِ أَحْمَدَ بْنِ مُحَمَّدٍ بْنِ سَالِمٍ الشَّرِيفُ التِّجَانِي، القُدْوَةُ الكَامِلُ، العَارِفُ الرَّاسِخُ، جَبَلُ السُّنَّةِ وَالدِّينِ، العَلَّامَةُ الدَّرَّاكَةُ،

---

1 ـ في كتابه سلوة الأنفاس وحادثة الأكياس بمن أقبر من العلماء والصالحين بفاس طبعة دار الثقافة بالدار البيضاء: (ج: 1/ص: 196)

المُشَارِكُ الفَهَّامَةُ، الجَامِعُ بَيْنَ الشَّرِيعَةِ وَالحَقِيقَةِ، نَادِرَةُ الزَّمَانِ، وَمِصْبَاحُ الأَوَانِ[1]. إلخ.. وَيَقُولُ ابْنُ مَخْلُوفٍ: أَبُو العَبَّاسِ أَحْمَدُ بْنُ مُحَمَّدِ بْنِ المُخْتَارِ بْنِ أَحْمَدَ الشَّرِيفُ التِّجَانِي، العَالِمُ العَامِلُ، المُتَصَوِّفُ العَارِفُ بِاللهِ الرَّبَّانِي الوَلِيُّ الكَبِيرُ، القُطْبُ الشَّامِخُ الشَّهِيرُ، كَانَ ذَا صِيتٍ بَعِيدٍ وَحَالٍ مُفِيدٍ[2]..

وَيَقُولُ مُؤَلِّفُ مُعْجَمِ أَعْلَامِ الجَزَائِرِ: أَحْمَدُ بْنُ مُحَمَّدِ بْنِ المُخْتَارِ بْنِ أَحْمَدَ الشَّرِيفُ التِّجَانِي أَبُو العَبَّاسِ، شَيْخُ "الطَّائِفَةِ التِّجَانِيَةِ" بِالمَغْرِبِ، عَالِمٌ بِالأُصُولِ وَالفُرُوعِ، مُلِمٌّ بِالأَدَبِ، مِنْ فُقَهَاءِ المَالِكِيَّةِ[3]. وَقَالَ مُحَمَّدُ بْنُ الأَمِيرِ عَبْدِ القَادِرِ الجَزَائِرِي فِي مَعْرِضِ ذِكْرِ سَيِّدِي مُحَمَّدِ الحَبِيبِ التِّجَانِي: وَأَصْلُ التِّجِينِي (يَعْنِي سَيِّدِي مُحَمَّدَ الحَبِيبَ) مِنْ أَشْرَافِ المَغْرِبِ. إلخ[4]..

---

1 ـ اليواقيت الثمينة في أعيان مذهب عالم المدينة:(ج:1/ص:59)، طبع مطبعة الملاجئ العباسية التابعة لجمعية العروة الوثقى سنة 1324هـ. :

2 ـ شجرة النور الزكية في طبقات المالكية (1/ 542) طبعة دار الكتب العلمية بيروت: 2003.

3 ـ معجم أعلام الجزائر (ص: 62)

4 ـ تحفة الزائر(طبعة الاسكندرية، سنة: 1903): ج:1/ ص: 197.

وَقَالَ عِنْدَ ذِكْرِ سَيِّدِي مُحَمَّدٍ الكَبِيرِ التِّجَانِي: وَكَانَ وَالِدُهُ السَّيِّدُ أَحْمَدُ زَاهِداً عَابِداً صَاحِبَ عِبَادَةٍ وَلَهُ مُرِيدُونَ وَأَتْبَاعٌ..[1] وَقَالَ عَبْدُ السَّلَامِ ابْنُ سُودَةَ عِنْدَ تَعَرُّضِهِ لِتَرْجَمَةِ سَيِّدِي مُحَمَّدٍ الكَبِيرِ التِّجَانِي: كَانَ عَلَى سَمْتِ أَبِيهِ صَلَاحاً وَدِيَانَةً، يُعْطِي الأَوْرَادَ وَيَتَبَرَّكُ بِهِ العَامَّةُ وَالخَاصَّةُ[2].

وَقَدْ تَرْجَمَ لِسَيِّدِنَا غَيْرُ وَاحِدٍ مِنْ أَصْحَابِ الطَّبَقَاتِ وَالمَعَاجِمِ المُهْتَمِّينَ بِتَرَاجِمِ رِجَالِ الفِقْهِ وَالتَّفْسِيرِ وَغَيْرِهِمَا مِنْهُمْ مَنْ أَسْلَفْنَا وَغَيْرُهُمْ كَثِيرٌ[3].

---

1 ـ تحفة الزائر: ج:1/ ص: 80.

2 ـ إتحاف المطالع بوفيات أعلام القرن الثالث عشر والرابع (1/ 132) طبعة دار الغرب الإسلامي، بيروت، 1417 هـ - 1997 م.

3 ـ معجم المفسرين «من صدر الإسلام وحتى العصر الحاضر» (2/ 764)، [طبعة: مؤسسة نويهض الثقافية للتأليف والترجمة والنشر، بيروت – لبنان الطبعة: الثالثة، 1409 هـ – 1988 م]، والأعلام: للزركلي 1: 245. إتحاف المطالع بوفيات أعلام القرن الثالث عشر والرابع (1/ 114). دليل مؤرخ المغرب الأقصى: لعبد السلام بن سودة: رقم:: 697. و792، الرؤية الصوفية عند الطيب بن كيران مع تحقيق كتابه عقد نفائس اللآل في تحريك الهمم العوال إلى السمو إلى مراتب الكمال ص: 28. حلية البشر في تاريخ القرن الثالث عشر (ص: 301) طبعة دار صادر، بيروت 1413 هـ - 1993 م.

1) نَسَبُ سَيِّدِنَا الشَّيْخِ أَحْمَدَ التِّجَانِي رَضِيَ اللَّهُ عَنْهُ:

- هُوَ سَيِّدِي أَحْمَدُ بْنُ امْحَمَّد المُلَقَّبِ بِ"ابْنِ عُمَرَ" لِشِدَّتِهِ فِي دِينِهِ، رَضِيَ اللَّهُ عَنْهُ.
- بْنِ المُخْتَارِ رَضِيَ اللَّهُ عَنْهُ.
- بْنِ أَحْمَدَ رَضِيَ اللَّهُ عَنْهُ.
- بْنِ امْحَمَّدٍ رَضِيَ اللَّهُ عَنْهُ ؛ وَهُوَ أَوَّلُ مَنْ نَزَلَ مِنْ هَؤُلَاءِ السَّادَةِ بِعَيْنِ مَاضِي،
- بْنِ سَالِمٍ رَضِيَ اللَّهُ عَنْهُ
- بْنِ أَبِي العِيدِ رَضِيَ اللَّهُ عَنْهُ
- بْنِ سَالِمٍ رَضِيَ اللَّهُ عَنْهُ
- بْنِ أَحْمَدَ المُلَقَّبُ بِالعُلْوَانِي رَضِيَ اللَّهُ عَنْهُ
- بْنِ أَحْمَدَ رَضِيَ اللَّهُ عَنْهُ
- بْنِ عَلِيٍّ رَضِيَ اللَّهُ عَنْهُ
- بْنِ عَبْدِ اللَّهِ رَضِيَ اللَّهُ عَنْهُ

- بْنِ العَبَّاسِ رَضِيَ اللَّهُ عَنْهُ
- بْنِ عَبْدِ الجَبَّارِ رَضِيَ اللَّهُ عَنْهُ
- بْنِ إِدْرِيسَ رَضِيَ اللَّهُ عَنْهُ
- بْنِ إِدْرِيسَ رَضِيَ اللَّهُ عَنْهُ
- ابْنِ إِسْحَاقَ رَضِيَ اللَّهُ عَنْهُ
- بْنِ عَلِيٍّ زِينِ العَابِدِينَ رَضِيَ اللَّهُ عَنْهُ
- بْنِ أَحْمَدَ رَضِيَ اللَّهُ عَنْهُ
- بْنِ مُحَمَّدٍ النَّفْسِ الزَّكِيَّةِ رَضِيَ اللَّهُ عَنْهُ
- بْنِ عَبْدِ اللَّهِ رَضِيَ اللَّهُ عَنْهُ
- بْنِ الحَسَنِ المُثَنَّى رَضِيَ اللَّهُ عَنْهُ
- بْنِ الحَسَنِ السِّبْطِ رَضِيَ اللَّهُ عَنْهُ
- بْنِ عَلِيِّ بْنِ أَبِي طَالِبٍ كَرَّمَ اللَّهُ وَجْهَهُ، مِنَ السَّيِّدَةِ فَاطِمَةَ الزَّهْرَاءِ سَيِّدَةِ نِسَاءِ أَهْلِ الجَنَّةِ عَلَيْهَا السَّلَامُ، ابْنَةِ خَيْرِ

الخَلْقِ وَسَيِّدِهِمْ رَسُولِ اللَّهِ سَيِّدِنَا مُحَمَّدٍ صَلَّى اللَّهُ عَلَيْهِ وَسَلَّمَ وَعَلَى آلِهِ وَصَحْبِهِ وَالمُسْلِمِينَ. [1]

2) نَشْأَةُ سَيِّدِي الشَّيْخِ أَحْمَدَ التِّجَانِي وَدِرَاسَتُهُ

وُلِدَ سَيِّدِي أَحْمَدُ بْنُ مُحَمَّدٍ التِّجَانِي (عَامَ 1737 م المُوَافِقِ 1150هـ) [يُرْمَزُ لَهُ بِ "مَوْلِدِ الخَتْمِ" مِنْ غَيْرِ مُرَاعَاةِ الأَلِفِ][2]، بِقَرْيَةِ (عَيْنِ مَاضِي) مَقَرِّ أَسْلَافِهِ المُتَأَخِّرِينَ. إِذْ انْتَقَلَ جَدُّهُ الرَّابِعُ، سَيِّدِي مُحَمَّدُ ابْنُ سَالِمٍ[3]، مَعَ أُسْرَتِهِ، مِنْ أَحْوَازِ مَدِينَةِ آسَفِي بِالمَغْرِبِ الأَقْصَى إِلَى بَنِي تُوجِينَ أَوْ تِيجَانَهْ، وَتَزَوَّجَ مِنْهُمْ وَصَارَ أَوْلَادُهُ وَأَحْفَادُهُ يُعْرَفُونَ

---

1 ـ هذا النسب هو المحفوظ لدى العائلة التجانية المباركة في الجزائر والمغرب وهو الذي ذكره السيد محمد الحافظ التجاني المصري في بداية تحقيقه لكتاب الافادة الأحمدية. (ص: ج).

2 ـ عزاه سكيرج في كشف الحجاب (ص: 10)، لسيدي الحاج عبد الكريم بنيس. رحمه الله تعالى. قال صاحب كشف الحجاب: ومن ألطف ما أشير به لسنة مولده رضي الله عنه: جملة"مولد القطب المكتوم يحق بعين ماضي" وما أشار إليه السيد العربي المحب: "أحمد التجاني سيد الأولياء وأحمدهم لله أزلا".

3 ـ بغية المستفيد: ص: 166.

بِ"التِّجَانِيِّينَ". فَهُمْ أَخْوَالُهُ رَضِيَ اللَّهُ عَنْهُ، غَلَبَتْ إِلَيْهِ النِّسْبَةُ إِلَيْهِمْ.

وَكَانَتْ بَلْدَةُ عَيْنِ مَاضِي عَلَى قَدْرٍ كَبِيرٍ مِنَ الأَهَمِّيَّةِ العِلْمِيَّةِ، ذَاتَ بَيْئَةٍ مُفْعَمَةٍ بِالعِلْمِ وَالوَرَعِ بِاعْتِبَارِهَا مَرْكَزاً لِلْمَعْرِفَةِ وَالوِلَايَةِ وَالصَّلَاحِ مُنْذُ تَأْسِيسِهَا. وَكَانَ جُلُّ أَفْرَادِ أُسْرَةِ الشَّيْخِ، الَّذِينَ يُشَكِّلُونَ إِحْدَى مُكَوِّنَاتِ هَذِهِ البَلْدَةِ العِلْمِيَّةِ، عَلَى مُسْتَوىً رَفِيعٍ مِنْ عِلْمَيْ الظَّاهِرِ وَالبَاطِنِ. وَكَانَ آبَاؤُهُ وَأَجْدَادُهُ رَضِيَ اللَّهُ عَنْهُمْ مِنْ خِيرَةِ العُلَمَاءِ وَلَهُمْ قَدَمٌ رَاسِخٌ فِي الوِلَايَةِ كَجَدَّيْهِ سَيِّدِي العَلَّامَةِ أَحْمَدَ بْنِ مُحَمَّدٍ، وَسَيِّدِي الشَّيْخِ الوَلِيِّ المَكِينِ مُحَمَّدٍ[1] بْنِ سَالِمٍ، الَّذِي وَفَدَ أَوَّلاً إِلَى عَيْنِ مَاضِي وَاتَّخَذَهَا مَوْطِناً وَتَزَوَّجَ مِنْ أَهْلِهَا. وَكَانَ أَبُوهُ عَالِماً وَرِعاً مُتَّبِعاً لِلسُّنَّةِ مُدَرِّساً

---

1 . نوه به العياشي في رحلته: حيث قال: ومنه إلى عين ماضي ثم تصابحوها إن شاء الله، وهي قرية طلبة العلم، وأهل الخير، فاشحذ ذهنك لمسائلهم، وسلم لنا على سيدي محمد بن سالم. . . (الرحلة العياشية الصغرى طبعة دار الكتب: ص: 63).

ذَاكِراً مُتَعَلِّقاً بِاللهِ وَلَا تَأْخُذُهُ فِيهِ لَوْمَةُ لَائِمٍ[1]. وَكَانَ لَهُ بَيْتٌ فِي دَارِهِ، لَا يَدْخُلُهُ أَحَدٌ إِلَّا لِذِكْرِ اللهِ.

نَشَأَ رَضِيَ اللَّهُ عَنْهُ بَيْنَ أَبَوَيْهِ الصَّالِحَيْنِ نَشْأَةً صَالِحَةً يُؤَدِّبَانِهِ وَيُلَقِّنَانِهِ وَيُرَبِّيَانِهِ تَرْبِيَةَ أَمْثَالِهِمَا مِنْ أَهْلِ البَصَائِرِ. وَوَالِدَتُهُ رَضِيَ اللَّهُ عَنْهُ هِيَ: الوَلِيَّةُ الصَّالِحَةُ: عَائِشَةُ بِنْتُ الوَلِيِّ الجَلِيلِ أَبِي عَبْدِ اللهِ سَيِّدِي مُحَمَّدٍ السَّنُوسِي التِّجَانِي المَضَاوِي رَضِيَ اللَّهُ عَنْهُمْ.[2] وَكَانَ حَيْثُمَا يَتَحَرَّكُ سَيِّدِي أَحْمَدُ التِّجَانِي دَاخِلَ هَذِهِ البَلْدَةِ يَجِدُ نَفْسَهُ بَيْنَ أَهْلِ العِلْمِ وَالمَعْرِفَةِ وَفِي رِعَايَةِ الفُقَهَاءِ وَالصُّلَحَاءِ. وَإِذَا خَرَجَ إِلَى المَسْجِدِ وَالزَّاوِيَةِ صَارَ فِي رِحَابِ أَسَاتِذَةٍ وَعُلَمَاءَ مُجَنَّدِينَ لِتَلْقِينِ تَلَامِذَتِهِمْ مَا يُفِيدُ وَيُقَرِّبُ إِلَى اللهِ مِنَ العُلُومِ الإِسْلَامِيَّةِ.

---

[1] - بغية المستفيد: ص: 167.

[2] - كشف الحجاب: ص: 13. جواهر المعاني: 1/ 20.

فَتَرَبَّى سَيِّدِي أَحْمَدُ التِّجَانِي فِي عَفَافٍ وَصِيَانَةٍ وَتُقىً وَدِيَانَةٍ، أَبِيَّ النَّفْسِ، عَالِيَ الهِمَّةِ، زَكِيَّ الأَخْلَاقِ، مَحْرُوساً بِالعِنَايَةِ، مَحْفُوفاً بِالرِّعَايَةِ. [1] فَكَانَ رَضِيَ اللَّهُ عَنْهُ لَا يَعْرِفُ مَا النَّاسُ فِيهِ مِنَ العَوَائِدِ وَمَا نَشَؤُوا عَلَيْهِ مِنَ الزَّوَائِدِ.

وَكَانَ رَضِيَ اللَّهُ عَنْهُ مَاضِيَ العَزْمِ، شَدِيدَ الحَزْمِ فِي أُمُورِهِ كُلِّهَا. وَكَانَ إِذَا ابْتَدَأَ شَيْئاً لَا يَرْجِعُ عَنْهُ. وَمَا شَرَعَ فِي أَمْرٍ قَطُّ إِلَّا أَتَمَّهُ. تَجْنَحُ هِمَّتُهُ إِلَى مَعَالِي الأُمُورِ وَلَا يَرْضَى بِسَفْسَافِهَا[2].

فِي ظِلِّ هَذِهِ الرِّعَايَةِ النَّمُوذَجِيَّةِ، وَفِي أَحْضَانِ هَذِهِ الأُسْرَةِ المُحِبَّةِ لِلْعِلْمِ وَالصَّلَاحِ، نَشَأَ سَيِّدِي أَحْمَدُ التِّجَانِي كَرِيمَ الأَخْلَاقِ، مُقْبِلاً عَلَى الجِدِّ وَالاجْتِهَادِ، مُتَمَسِّكاً بِالدِّينِ وَسُنَّةِ المُهْتَدِينَ، مُعَظَّماً عِنْدَ الخَاصَّةِ وَالعَامَّةِ، فَحَفِظَ القُرْآنَ حِفْظاً جَيِّداً وَهُوَ ابْنُ سَبْعِ سَنَوَاتٍ، مِنْ رِوَايَةِ الإِمَامِ وَرْشٍ تِلْمِيذِ

---

[1] ـ كشف الحجاب: ص: 14.

[2] ـ جواهر المعاني: 1/ 23.

الإِمَامِ نَافِعٍ، عَلَى يَدِ الفَقِيهِ العَلَّامَةِ المُقْرِئِ سَيِّدِي مُحَمَّدِ بْنِ حَمُّو التِّجَانِي المَاضَوِي[1] الَّذِي تَتَلْمَذَ بِدَوْرِهِ فِي حِفْظِ القُرْآنِ وَقِرَاءَتِهِ عَلَى شَيْخِهِ العَارِفِ بِاللَّهِ سَيِّدِي عِيسَى بُوعَكَّاز المَاضَوِي التِّجَانِي. وَكَانَ رَجُلاً صَالِحاً مَشْهُوراً بِالوِلَايَةِ[2].

وَبَعْدَ أَنْ حَفِظَ القُرْآنَ اشْتَغَلَ سَيِّدِي أَحْمَدُ التِّجَانِي بِطَلَبِ العُلُومِ الأُصُولِيَّةِ وَالفُرُوعِيَّةِ وَالأَدَبِيَّةِ حَتَّى رَأَسَ فِيهَا، وَأَدْرَكَ أَسْرَارَ مَعَانِيهَا، يَسْتَوِي عِنْدَهُ فِي اهْتِمَامِهِ المَنْقُولُ وَالمَعْقُولُ.

فَقَرَأَ عَلَى سَيِّدِي المَبْرُوكِ بْنِ بُوعَافِيَّةَ التِّجَانِي مُخْتَصَرَ خَلِيلٍ، وَالرِّسَالَةَ، وَمُقَدِّمَةَ ابْنِ رُشْدٍ، وَالأَخْضَرِي[3].

يَقُولُ ابْنُ مَخْلُوفٍ: اشْتَغَلَ بِطَلَبِ العُلُومِ الأُصُولِيَّةِ وَالفُرُوعِيَّةِ وَالأَدَبِيَّةِ حَتَّى رَأَسَ فِيهَا، وَحَصَّلَ أَسْرَارَ مَعَانِيهَا، وَقَرَأَ عَلَى الشَّيْخِ المَبْرُوكِ بْنِ أَبِي عَافِيَةَ التِّجَانِي المَضَاوِي مُخْتَصَرَ خَلِيلٍ

---

[1] ـ بغية المستفيد: ص: 173.

[2] ـ جواهر المعاني: 19/1. بغية المستفيد: ص 173.

[3] ـ بغية المستفيد: ص: 173.

وَالرِّسَالَةَ وَمُقَدِّمَةَ ابْنِ رُشْدٍ وَالأَخْضَرِي، فَكَانَ يُدَرِّسُ وَيُفْتِي وَلَهُ أَجْوِبَةٌ فِي فُنُونٍ مِنَ العِلْمِ أَبْدَى فِيهَا وَأَعَادَ، وَحَرَّرَ المَعْقُولَ وَالمَنْقُولَ فَأَفَادَ.[1]

ثُمَّ مَا لَبِثَ، وَهُوَ فِي عَيْنِ مَاضِي، أَنْ مَالَ إِلَى الزُّهْدِ وَالانْعِزَالِ وَالتَّأَمُّلِ، وَحُبِّبَ إِلَيْهِ التَّعَبُّدُ وَقِيَامُ اللَّيْلِ، حَتَّى إِذَا بَلَغَ سِنَّ الرُّشْدِ زَوَّجَهُ وَالِدُهُ مِنْ غَيْرِ تَرَاخٍ اعْتِنَاءً بِشَأْنِهِ وَحِفْظاً وَصَوْناً لِأَمْرِهِ، وَمُرَاعَاةً لِلسُّنَّةِ[2].

وَصَارَ رَضِيَ اللَّهُ عَنْهُ يَدُلُّ عَلَى اللَّهِ، وَيَنْصَحُ عِبَادَهُ، وَيَنْصُرُ سُنَّةَ رَسُولِهِ صَلَّى اللَّهُ عَلَيْهِ وَسَلَّمَ، وَيُحْيِّ أُمُورَ الدِّينِ وَقُلُوبَ المُؤْمِنِينَ، وَصَارَ يُضْرَبُ المَثَلُ بِهِ وَبِدَارِهِ فِي إِحْيَاءِ السُّنَّةِ، وَاتِّبَاعِ المَحَجَّةِ البَيْضَاءِ، وَالأَمْرِ بِالمَعْرُوفِ، وَالنَّهْيِ عَنِ المُنْكَرِ. وَلَعَلَّ هَذِهِ المُؤَهِّلَاتِ هِيَ الَّتِي جَعَلَتْ سُكَّانَ بَلْدَةِ

---

[1] ـ شجرة النور الزكية في طبقات المالكية (1/ 542).

[2] ـ كشف الحجاب: ص: 14.

عَيْنِ مَاضِي يُوَافِقُونَ بِالإِجْمَاعِ عَلَى خِلاَفَةِ وَالِدِهِ فِي رِئَاسَةِ الزَّاوِيَةِ رَغْمَ صِغرِ سِنِّهِ الَّذِي كَانَ يَبْلُغُ آنَذَاكَ سِتَّ عَشْرَةَ سَنَةً. وَهِيَ المُهِمَّةُ الَّتِي مَارَسَ خِلاَلَهَا لِمُدَّةِ خَمْسِ سَنَوَاتٍ تَدْرِيسَ القُرْآنِ وَالسُّنَّةِ وَعُلُومَ إِسْلاَمِيَّةٍ أُخْرَى[1].

3) وَفَاةُ وَالِدَيْ سَيِّدِنَا الشَّيْخِ رَضِيَ اللَّهُ عَنْهُ:

تُوُفِّيَ وَالِدَا سَيِّدِنَا الشَّيْخِ التِّجَانِي رَضِيَ اللَّهُ عَنْهُمْ فِي يَوْمٍ وَاحِدٍ بِسَبَبِ الطَّاعُونِ وَدُفِنَا مَعاً بِعَيْنِ مَاضِي سَنَةَ: 1166هـ[2]

4) أَوْلاَدُ سَيِّدِنَا الشَّيْخِ التِّجَانِي وَأَزْوَاجُهُ رَضِيَ اللَّهُ عَنْهُمْ

لَمَّا بَلَغَ سَيِّدُنَا الحُلُمَ زَوَّجَهُ وَالِدَاهُ رَضِيَ اللَّهُ عَنْهُمَا مِنْ غَيْرِ تَرَاخٍ مِنْهُمَا، اعْتِنَاءً بِشَأْنِهِ، وَحِفْظاً لَهُ مِنَ الشَّيْطَانِ وَحِزْبِهِ، وَصَوْناً لِأَمْرِهِ، مُرَاعَاةً لِلسُّنَّةِ المُطَهَّرَةِ بِالمُبَادَرَةِ بِذَلِكَ، وَمَكَثَ

---

[1] ـ الدكتور عاصم إبراهيم الكيالي الحسيني الشاذلي الدرقاوي في مقدمة تحقيقه لروض المحب الفاني فيما تلقيناه من سيدي أبي العباس التجاني لسيدي محمد المشري السباعي: ص: 10. طبعة كتاب ناشرون.

[2] ـ كشف الحجاب: ص: 14.

رَضِيَ اللَّهُ عَنْهُ مَعَ زَوْجَتِهِ سَنَةً، ثُمَّ طَلَّقَهَا لِأَنَّهُ رَآهَا شَغَلَتْهُ عَنْ مَقْصُودِهِ الْأَهَمِّ مِنَ الْجِدِّ وَالِاجْتِهَادِ، وَحَيْثُ لَمْ تُوَافِقْهُ فِيمَا رَامَهُ مِنَ الْعِبَادَةِ وَسُلُوكِ الرَّشَادِ.

وَلَمَّا حَصَّلَ سَيِّدُنَا مَقْصُودَهُ وَعَلِمَ أَنَّ التَّزْوِيجَ مَطْلُوبٌ مِنْهُ بِمُقْتَضَى الِاقْتِدَاءِ بِالسُّنَّةِ، اشْتَرَى رَضِيَ اللَّهُ عَنْهُ أَمَتَيْنِ مُبَارَكَتَيْنِ، وَتَزَوَّجَ بِهِمَا بَعْدَ عَتْقِهِمَا، وَنَالَتَا مِنْهُ رَضِيَ اللَّهُ عَنْهُ الْحَظَّ الْوَافِرَ مِنَ الْمَوَدَّةِ التَّامَّةِ الَّتِي نَالَتَا بِهَا الْفَتْحَ الْمُبِينَ وَالْمَقَامَ الْمَكِينَ فِي الدِّينِ.

فَالْأُولَى: هِيَ الدُّرَّةُ الْمَكْنُونَةُ، وَاللُّؤْلُؤَةُ الْمَصُونَةُ، السَّيِّدَةُ مَبْرُوكَةُ، ذَاتُ الْحَزْمِ الشَّدِيدِ، وَالرَّأْيِ السَّدِيدِ. كَانَتْ رَحِمَهَا اللَّهُ شَدِيدَةَ الْبُرُورِ بِسَيِّدِنَا رَضِيَ اللَّهُ عَنْهُ سَامِعَةً لَهُ وَمُطِيعَةً. وَكَانَ يُحِبُّهَا مَحَبَّةً خَاصَّةً لِشِدَّةِ اعْتِنَائِهَا بِهِ. لَا سِيَمَا حِينَ رَزَقَهَا اللَّهُ مِنْهُ فِي أَبِي سَمْغُونَ الْخَلِيفَةَ الْكَبِيرَ، وَالْعَارِفَ الشَّهِيرَ، سَيِّدَنَا

مُحَمَّدَ الكَبِيرَ رَضِيَ اللَّهُ عَنْهُ (ت: 1238 هـ)[1] وَلَا زَالَتْ مَعَهُ عَلَى أَحْسَنِ حَالٍ إِلَى أَنْ تُوُفِّيَ سَيِّدُنَا رَضِيَ اللَّهُ عَنْهُ وَتُوُفِّيَتْ بَعْدَهُ رَحِمَهَا اللَّهُ.[2]

وَالثَّانِيَةُ: هِيَ السَّيِّدَةُ الغَالِيَةُ، المُتَّصِفَةُ بِالهِمَّةِ العَالِيَةِ، السَّيِّدَةُ مُبَارَكَةُ، ذَاتُ القَلْبِ السَّلِيمِ، وَالفَضْلِ العَمِيمِ، وَالمَآثِرِ الفَاخِرَةِ، وَالكَرَامَاتِ الظَّاهِرَةِ. قَدِ اخْتَارَهَا سَيِّدُنَا رَضِيَ اللَّهُ عَنْهُ لِنَفْسِهِ، وَطَابَتْ لَهُ بِهَا أَوْقَاتُ أُنْسِهِ، وَكَانَ يُحِبُّهَا رَضِيَ اللَّهُ عَنْهُ مَحَبَّةً خَاصَّةً لَاسِيَمَا حِينَ أَكْرَمَهَا اللَّهُ مِنْهُ فِي فَاسٍ بِخَلِيفَتِهِ الأَعْظَمِ، الجَامِعِ بَيْنَ مَقَامَاتِ العِرْفَانِ، الشَّائِعِ فَضْلُهُ بِالتَّوَاتُرِ فِي سَائِرِ البُلْدَانِ، سَيِّدِنَا مُحَمَّدٍ الحَبِيبِ رَضِيَ اللَّهُ عَنْهُ(ت:1269هـ)[3]،

---

[1] ـ إتحاف المطالع بوفيات أعلام القرن الثالث عشر والرابع (1/ 132).

[2] ـ كشف الحجاب: ص: 15.

3 ـ إتحاف المطالع بوفيات أعلام القرن الثالث عشر والرابع (1/ 199)

وَلَا زَالَتْ مُجِدَّةً بِالإِسْرَاعِ فِي كُلِّ مَا يَجْلِبُ السُّرُورَ لِسَيِّدِنَا رَضِيَ اللَّهُ عَنْهُ إِلَى أَنْ تُوُفِّيَ سَيِّدُنَا رَضِيَ اللَّهُ عَنْهُ وَتُوُفِّيَتْ بَعْدَهُ[1].

وَقَدْ زَوَّجَ رَضِيَ اللَّهُ عَنْهُ وَلَدَيْهِ فِي حَيَاتِهِ[2]. وَعَقِبُ السَّيِّدِ مُحَمَّدٍ الحَبِيبِ هُوَ المَوْجُودُ وَفِيهِ تَجْتَمِعُ الشَّجَرَةُ الشَّرِيفَةُ التِّجَانِيَةُ المُبَارَكَةُ رَضِيَ اللَّهُ عَنْهُمْ.

5) رِحْلَتُهُ رَضِيَ اللَّهُ عَنْهُ الأُولَى إِلَى فَاسٍ، وَخُرُوجُهُ إِلَى الصَّحْرَاءِ :

يَقُولُ ابْنُ مَخْلُوفٍ: وَفِي عَامِ 1171هـ رَحَلَ لِفَاسٍ وَسَمِعَ فِيهَا شَيْئاً مِنَ الحَدِيثِ وَلَقِيَ الشَّيْخَ الطَّيِّبَ الوَزَّانِي وَالشَّيْخَ أَحْمَدَ الصِّقِلِّي. [3].

[1] ـ كشف الحاجاب: ص: 15.

[2] ـ كشف الحجاب: ص: 19.

3 ـ شجرة النور الزكية في طبقات المالكية (1/ 542)

وَفِي رِسَالَةٍ[1] لِلشَّيْخِ رَاسَلَ بِهَا أَحَدَ رُفَقَائِهِ فِي الطَّلَبِ ذَكَرَ بَعْضاً مِنْ شُيُوخِهِ، وَمِنْهُمْ: "الجَمَلُ" وَلَعَلَّهُ أَبُو الحَسَنُ عَلِيٌّ بْنُ عَبْدِ الرَّحْمَنِ الجَمَلُ الحَسَنِي الإِدْرِيسِي[2].

وَيَقُولُ سَيِّدِي عَلِيٌّ حَرَازِمُ[3]: أَوَّلُ مَنْ لَقِيَهُ مِنَ السَّادَاتِ الأَعْلَامِ زَمَنَ انْتِقَالِهِ مِنْ بَلَدِهِ إِلَى فَاسٍ وَأَحْوَازِهَا، لَقِيَ الوَلِيَّ الكَبِيرَ، وَالقُطْبَ الشَّهِيرَ، الشَّرِيفَ الأَصِيلَ، الوَجِيهَ الأَثِيلَ، صَاحِبَ الكَرَامَاتِ الشَّهِيرَةِ، وَالمَزَايَا العِظَامِ الفَاخِرَةِ، مَوْلَانَا الطَّيِّبَ بْنَ مُحَمَّدِ بْنِ عَبْدِ اللَّهِ بْنِ إِبْرَاهِيمَ اليَمْلَحِيَّ العَلَمِيَّ، دَفِينَ وَزَّانٍ، مِنْ بِلَادِ الهَبْطِ مِنْ مَصْمُودَةَ، حَيْثُ ضَرِيحُ أَبِيهِ

---

1 ـ كشف الحجاب: ص: 295.

2 ـ هو أبو الحسن علي بن عبد الرحمن الجمل الحسني الإدريسي: شيخ الطريقة وإمام الحقيقة العارف بالله الدال عليه الفاضل منبع المعارف الولي الكامل، أخذ عن مولاي الطيب الوزاني ثم لزم العارف الأكبر الشيخ العربي بن أحمد معن وانتفع به حتى صار بحراً زاخراً بالعلم والعرفان وسارت بأخباره الركبان وانتفع به الكثير منهم الشيخ العربي الدرقاوي وقد بالغ في الثناء على شيخه المذكور في كثير من رسائله. توفي سنة 1194 هـ وسنة مائة وتسعة أعوام. شجرة النور الزكية في طبقات المالكية (1/ 515)

3 ـ جواهر المعاني: 1 / 30.

وَجَدِّهِ وَأَخِيهِ مَوْلَاي التُّهَامِي، وَهُوَ شَيْخُهُ رَضِيَ اللَّهُ عَنْهُ وَعَنْهُمْ أَجْمَعِينَ، لَهُ صَيْتٌ عَالٍ كَبِيرٌ جِدّاً، تُشَدُّ لِزِيَارَتِهِ الرِّحَالُ، مِنَ الآفَاقِ البَعِيدَةِ مِنَ الرِّجَالِ، وَزَوَايَاهُ كَثِيرَةٌ فِي مُدُنِ المَغْرِبِ وَمَا وَالَاهُ، وَبِالمَشْرِقِ وَ مَا حَوَاهُ، فَشُهْرَتُهُ رَضِيَ اللَّهُ عَنْهُ تُغْنِي عَنِ التَّعْرِيفِ بِهِ وَبِنَسَبِهِ وَبِطَرِيقَتِهِ رَضِيَ اللَّهُ عَنْهُ، تُوُفِّيَ رَحِمَهُ اللَّهُ تَعَالَى وَرَضِيَ عَنْهُ أَوَاخِرَ رَبِيعِ الثَّانِي عَامَ ثَمَانِينَ وَمِائَةٍ وَأَلْفٍ، وَدُفِنَ بِبِلَادِهِ وَزَّانَ رَحِمَهُ اللَّهُ، أَخَذَ عَنْهُ سَيِّدُنَا رَضِيَ اللَّهُ عَنْهُ، وَأَذِنَ لَهُ فِي تَلْقِينِ وِرْدِهِ، فَامْتَنَعَ سَيِّدُنَا رَضِيَ اللَّهُ عَنْهُ مِنْ ذَلِكَ لِاشْتِغَالِهِ رَضِيَ اللَّهُ عَنْهُ بِنَفْسِهِ، وَلِكَوْنِهِ لَمْ يَعْرِفْ مَنْزِلَتَهُ فِي ذَلِكَ الوَقْتِ رَضِيَ اللَّهُ تَعَالَى عَنْهُ.

وَلَقِيَ الوَلِيَّ الصَّالِحَ. ذَا السَّعْيِ الرَّابِحِ. صَاحِبَ الكَشْفِ الصَّحِيحِ. وَالذَّوْقِ الصَّرِيحِ، سَيِّدِي مُحَمَّدَ بْنَ الحَسَنِ الوَانْجَلِي، مِنْ بَنِي وَانْجَلٍ، مِنْ جِبَالِ الزَّبِيبِ، فَإِنَّهُ لَمَّا وَرَدَ عَلَيْهِ سَيِّدُنَا رَضِيَ اللَّهُ عَنْهُ، قَالَ لَهُ قَبْلَ أَنْ يُكَلِّمَهُ: إِنَّكَ تُدْرِكُ مَقَامَ

الشَّاذِلِي، وَكَاشَفَهُ بِأُمُورٍ كَانَتْ بِبَاطِنِهِ، وَأَخْبَرَهُ بِمَا سَيَكُونُ مِنْهُ[1]،

وَلَمْ يَأْخُذْ عَنْهُ سَيِّدُنَا رَضِيَ اللَّهُ عَنْهُ، تُوُفِّيَ رَحِمَهُ اللَّهُ حُدُودَ خَمْسَةٍ وَثَمَانِينَ وَمِائَةٍ وَأَلْفٍ.

(وَلَقِيَ) بِفَاسٍ الوَلِيَّ الصَّالِحَ، نَجْلَ العَارِفِ الرَّابِحِ، سَيِّدِي عَبْدَ اللَّهِ بْنَ سَيِّدِي العَرَبِيِّ بْنِ أَحْمَدَ بْنِ مُحَمَّدٍ، المَدْعُو بِابْنِ عَبْدِ اللَّهِ، مِنْ أَوْلَادِ مَعَنٍ الأَنْدَلُسِي، رَحِمَهُمُ اللَّهُ، لَقِيَهُ وَتَكَلَّمَ مَعَهُ فِي أُمُورٍ، ثُمَّ لَمَّا أَرَادَ أَنْ يُوَدِّعَهُ، دَعَا لَهُ بِخَيْرِ الدَّارَيْنِ، وَآخِرُ مَا افْتَرَقَا عَلَيْهِ قَالَ لَهُ: اللَّهُ يَأْخُذُ بِيَدِكَ ثَلَاثاً. قَالَ سَيِّدِي عَلِيٌّ حَرَازِمُ: تُوُفِّيَ سَنَةَ ثَمَانِيَةٍ وَثَمَانِينَ وَمِائَةٍ وَأَلْفٍ، وَغَسَّلْتُهُ بِيَدِي، وَكَفَّنْتُهُ وَجَهَّزْتُهُ رَضِيَ اللَّهُ عَنْهُ، وَكَانَتْ لَهُ جَنَازَةٌ حَضَرَهَا أَعْيَانُ فَاسٍ مِنْ عُلَمَائِهَا وَفُقَرَائِهَا وَرُؤَسَائِهَا، وَصُلِّيَ عَلَيْهِ بِقَبْرِهِ عِنْدَ

---

[1] ـ جواهر المعاني: ج: 1 / ص: 30.

آبَائِهِ وَأَجْدَادِهِ، خَارِجَ بَابِ الفُتُوحِ، قُرْبَ قُبَّةِ القُطْبِ الشَّهِيرِ سَيِّدِي أَحْمَدَ اليَمَنِيِّ رَضِيَ اللَّهُ عَنْهُ[1].

(ثُمَّ أَخَذَ) طَرِيقَ الشَّيْخِ مَوْلَانَا عَبْدِ القَادِرِ الجِيلَانِي رَضِيَ اللَّهُ عَنْهُ بِفَاسٍ عَلَى يَدِ مَنْ كَانَ يُلَقِّنُ طَرِيقَتَهُ، وَمَنْ لَهُ الإِذْنُ فِيهَا، ثُمَّ تَرَكَهَا بَعْدَ حِينٍ[2].

ثُمَّ أَخَذَ الطَّرِيقَةَ النَّاصِرِيَّةَ عَلَى الوَلِيِّ الصَّالِحِ أَبِي عَبْدِ اللَّهِ سَيِّدِي مُحَمَّدِ بْنِ عَبْدِ اللَّهِ التُّزَانِي، ثُمَّ تَرَكَهَا بَعْدَ حِينٍ.

ثُمَّ أَخَذَ طَرِيقَ القُطْبِ الشَّهِيرِ العَالِمِ الكَبِيرِ أَبِي العَبَّاسِ سَيِّدِي أَحْمَدَ الحَبِيبِ بْنِ مُحَمَّدٍ المُلَقَّبِ بِالغُمَارِي السِّجِلْمَاسِي الصِّدِيقِي نَسَباً عَلَى بَعْضِ مَنْ لَهُ الإِذْنُ فِيهَا، ثُمَّ تَرَكَهَا بَعْدَ مُدَّةٍ،

---

[1] ـ نفس لمصدر السابق. ج:1: ص: 31.

[2] ـ نفسه.

ثُمَّ لَقِيَهُ فِي عَالَمِ النَّوْمِ بَعْدَ مَوْتِهِ، وَوَضَعَ فَاهُ عَلَى فِيهِ وَهُوَ قَابِضٌ عَلَى لِسَانِ الشَّيْخِ رَضِيَ اللَّهُ عَنْهُ، وَلَقَّنَهُ إِسْماً فِي تِلْكَ الْحَالَةِ، هَكَذَا سَمِعْنَاهُ مِنْ سَيِّدِنَا رَضِيَ اللَّهُ عَنْهُ، ثُمَّ ذَكَرَهُ مُدَّةً وَتَرَكَهُ، تُوُفِّيَ الشَّيْخُ الْمَذْكُورُ رَابِعَ الْمُحَرَّمِ، عَامَ خَمْسَةٍ وَسِتِّينَ وَمِائَةٍ وَأَلْفٍ.[1]

(ثُمَّ أَخَذَ) عَنِ الْوَلِيِّ الصَّالِحِ، الْمَلَامَتِيِّ أَبِي الْعَبَّاسِ سَيِّدِي أَحْمَدَ الطَّوَّاشِ، نَزِيلِ تَازَةَ، وَبِهَا تُوُفِّيَ لَيْلَةَ ثَامِنِ عَشَرَ مِنْ جُمَادَى الْأُولَى، عَامَ أَرْبَعَةٍ وَمِائَتَيْنِ وَأَلْفٍ، وَلَقَّنَهُ إِسْماً، وَقَالَ لَهُ: إِلْزَمِ الْخَلْوَةَ وَالْوَحْدَةَ وَالذِّكْرَ، وَاصْبِرْ حَتَّى يَفْتَحَ اللَّهُ عَلَيْكَ، فَإِنَّكَ تَنَالُ مَقَاماً عَظِيماً، فَلَمْ يُسَاعِدْهُ سَيِّدُنَا رَضِيَ اللَّهُ عَنْهُ، فَقَالَ لَهُ: إِلْزَمْ هَذَا الذِّكْرَ، وَدُمْ عَلَيْهِ مِنْ غَيْرِ خَلْوَةٍ وَلَا وَحْدَةٍ، فَيَفْتَحُ اللَّهُ عَلَيْكَ عَلَى تِلْكَ الْحَالَةِ، فَذَكَرَهُ سَيِّدُنَا مُدَّةً وَتَرَكَهُ. قَالَ سَيِّدِي عَلِيٌّ حَرَازِمْ: وَوَقَعَ لَنَا مَعَهُ رَضِيَ اللَّهُ عَنْهُ كَرَامَاتٌ

---

[1] ـ جواهر المعاني: 1 / ص: 32.

عَدِيدَةٌ، وَسَمِعْتُ مِنْهُ مَا يُنْبِئُ عَلَى تَصْرِيفِهِ فِي تِلْكَ البَلْدَةِ، وَأَخْبَرَنِي بِمَا يَصِلُهُ الشَّيْخُ رَضِيَ اللَّهُ عَنْهُ مِنَ المَقَامَاتِ، حَتَّى رَأَيْنَاهَا ، وَالحَمْدُ لِلَّهِ وَلَهُ المِنَّةُ[1].

ثُمَّ انْتَقَلَ مِنَ المَغْرِبِ إِلَى نَاحِيَةِ الصَّحْرَاءِ قَاصِداً زَاوِيَةَ الشَّيْخِ سَيِّدِي عَبْدِ القَادِرِ بْنِ مُحَمَّدٍ بِالأَبْيَضِ، فَأَقَامَ بِهَا مُدَّةً كَمَا تَقَدَّمَ، ثُمَّ انْتَقَلَ سَيِّدِي أَحْمَدُ التِّجَانِي إِلَى بَلْدَةِ الأَبْيَضِ فِي نَاحِيَةِ الصَّحْرَاءِ حَيْثُ زَاوِيَةُ الشَّيْخِ الصِّدِّيقِي الشَّهِيرِ سَيِّدِي عَبْدِ القَادِرِ بْنِ مُحَمَّدٍ الأَبْيَضِ المَعْرُوفِ بِسَيِّدِي الشَّيْخِ. فَاخْتَارَهَا مَنْزِلاً وَقَرَاراً وَانْقَطَعَ فِيهَا لِلْعِبَادَةِ وَالتَّدْرِيسِ وَالإِفَادَةِ لِمُدَّةِ خَمْسِ سَنَوَاتٍ، مِنْ أَوَائِلِ سَنَةِ 1181 هِجْرِيَّةٍ[2].

---

[1] ـ نفس المصدر.

[2] ـ نفس المصدر.

فَجَرَّدَ نَفْسَهُ فِيهَا مِنَ العَلَائِقِ، وَقَطَعَهَا عَنِ العَوَائِقِ، وَجَمَعَ نَفْسَهُ عَلَى الذِّكْرِ وَإِعْمَالِ الفِكْرِ، حَتَّى لَاحَتْ عَلَيْهِ مَبَادِئُ الفَتْحِ وَبَوَارِقُهُ.

وَكَانَتْ تَأْتِيهِ الوُفُودُ لِلزِّيَارَةِ، وَالأَخْذِ عَنْهُ ، فَكَانَ يَمْتَنِعُ مِنْ ذَلِكَ كُلَّ الإِمْتِنَاعِ، وَيَقُولُ: **كُلُّنَا وَاحِدٌ فِي الإِنْتِفَاعِ، فَلَا فَضْلَ لِأَحَدٍ عَلَى الآخَرِ فِي دَعْوَى المَشْيَخَةِ إِلَّا سُوءُ الإِبْتِدَاعِ**[1] .

وَقَدْ زَارَ خِلَالَ هَذِهِ المُدَّةِ بَلْدَةَ عَيْنِ مَاضِي مَسْقِطَ رَأْسِهِ وَدَارَ آبَائِهِ وَأَجْدَادِهِ.

6) حَجُّهُ رَضِيَ اللَّهُ عَنْهُ، وَزِيَارَةُ النَّبِيِّ صَلَّى اللَّهُ عَلَيْهِ وَسَلَّمَ

وَمِنْ زَاوِيَةِ الشَّيْخِ بِالصَّحْرَاءِ ارْتَحَلَ سَيِّدِي أَحْمَدُ التِّجَانِي رَضِيَ اللَّهُ عَنْهُ إِلَى تِلِمْسَانَ، ثُمَّ غَادَرَهَا عَامَ (1772 م المُوَافِقِ 1186 هـ)، قَاصِداً زِيَارَةَ بَيْتِ اللَّهِ الحَرَامِ وَقَبْرَ نَبِيِّهِ عَلَيْهِ الصَّلَاةُ وَالسَّلَامُ. فَلَمَّا وَصَلَ إِلَى بِلَادِ (ازْوَاوى)، سَمِعَ بِالشَّيْخِ

---

[1] ـ جواهر المعاني: ج:1 / ص: 25.

الإِمَامِ سَيِّدِي مُحَمَّدٍ بْنِ عَبْدِ الرَّحْمَنِ الأَزْهَرِي، ذِي الصِّيتِ الوَاسِعِ، فَزَارَهُ وَأَخَذَ عَنْهُ الطَّرِيقَةَ الخَلْوَتِيَّةَ.[1]

وَلَمَّا وَصَلَ تُونِسَ، فِي نَفْسِ السَّنَةِ، لَقِيَ بَعْضَ الأَوْلِيَاءِ بِهَا، مِنْهُمْ الوَلِيُّ الشَّهِيرُ سَيِّدِي عَبْدُ الصَّمَدِ الرَّحَوِي. وَقَدْ أَخْبَرَهُ شَيْخُ هَذَا الوَلِيِّ، مِنْ خِلَالِ رَسُولٍ خَاصٍّ، بِأَنَّهُ مَحْبُوبٌ.[2]

مَكَثَ سَيِّدِي أَحْمَدُ التِّجَانِي رَضِيَ اللَّهُ عَنْهُ سَنَةً مَا بَيْنَ مَدِينَةِ تُونِسَ العَاصِمَةِ وَمَدِينَةِ سُوسَةَ، فَأَفْتَى بِهَا وَأَجَابَ عَلَى كَثِيرٍ مِنَ الأَسْئِلَةِ، وَدَرَّسَ عِدَّةَ عُلُومٍ وَكُتُبٍ، فِي مُقَدِّمَتِهَا كِتَابُ الحِكَمِ. فَذَاعَ صِيتُهُ وَبَلَغَ خَبَرُهُ إِلَى أَمِيرِ البِلَادِ. فَطَلَبَ مِنْهُ الإِقَامَةَ بِالدِّيَارِ التُّونُسِيَّةِ لِلتَّدْرِيسِ وَالإِفَادَةِ مِنْ عُلُومِهِ، وَأَعْطَاهُ دَاراً وَخَصَّصَ لَهُ أُجْرَةً مُهِمَّةً لِلْعَمَلِ، غَيْرَ أَنَّ سَيِّدِي أَحْمَدَ التِّجَانِي رَضِيَ اللَّهُ عَنْهُ الَّذِي كَانَ وِجْدَانُهُ مَشْدُوداً إِلَى مَا هُوَ أَطْهَرُ

---

[1] ـ جواهر المعاني: ج:1 / ص: 32.

[2] ـ نفس المصدر.

وَأَسْمَى، لَمَّا جَاءَهُ كِتَابُ الْأَمِيرِ أَمْسَكَهُ وَسَكَتَ وَتَهَيَّأَ مِنَ الْغَدِ لِلسَّفَرِ بَحْراً لِمِصْرَ[1].

وَبِمُجَرَّدِ وُصُولِهِ إِلَى مِصْرَ الْقَاهِرَةِ بَحْراً، الْتَقَى بِشَيْخِهَا الْأَكْبَرِ فِي ذَلِكَ الْوَقْتِ، سَيِّدِي مُحَمَّدٍ الْكُرْدِي الْمِصْرِي دَاراً وَقَرَاراً، الْعِرَاقِي أَصْلاً وَمَنْشَأً، وَجَرَتْ بَيْنَهُمَا مُذَاكَرَاتٌ. فَسَأَلَهُ الشَّيْخُ الْكُرْدِي، بَعْدَ أَيَّامٍ عَنْ مَطْلَبِهِ، فَأَجَابَهُ سَيِّدِي أَحْمَدُ التِّجَانِي رَضِيَ اللَّهُ عَنْهُ بِأَنَّ مَطْلَبَهُ هُوَ الْحُصُولُ عَلَى الْقُطْبَانِيَةِ الْعُظْمَى، فَقَالَ لَهُ: "لَكَ أَكْثَرُ مِنْهَا"[2].

وَمِنْ مِصْرَ تَوَجَّهَ إِلَى بَيْتِ اللَّهِ الْحَرَامِ. وَكَانَ وُصُولُهُ إِلَى مَكَّةَ فِي شَهْرِ شَوَّالَ عَامَ (1187 هـ الْمُوَافِقِ 1773م) فَسَمِعَ بِهَا بِالشَّيْخِ أَبِي الْعَبَّاسِ سَيِّدِي أَحْمَدَ بْنِ عَبْدِ اللَّهِ الْهِنْدِيِّ، الَّذِي لَمْ يَكُنْ لَهُ إِذْنٌ بِمُلَاقَاةِ أَحَدٍ. وَرَغْمَ ذَلِكَ أَخَذَ عَنْهُ سَيِّدِي أَحْمَدُ

---

[1] ـ نفسه.

[2] ـ نفس المصدر السابق. ج: 1 / ص: 33.

التِّجَانِي رَضِيَ اللَّهُ عَنْهُ عُلُوماً وَأَسْرَاراً بِوَاسِطَةِ رَسُولٍ خَاصٍّ، مِنْ غَيْرِ مُلَاقَاتِهِ. وَأَخْبَرَهُ بِمَا سَيَؤُولُ إِلَيْهِ أَمْرُهُ، وَبَشَّرَهُ بِأَنَّهُ سَيَرِثُ أَسْرَارَهُ وَمَوَاهِبَهُ وَأَنْوَارَهُ. وَقَبْلَ مَوْتِهِ فِي عِشْرِينَ ذِي الحِجَّةِ عَامَ 1187 هِجْرِيَّة أَعْطَى سَيِّدِي أَحْمَدَ التِّجَانِي رَضِيَ اللَّهُ عَنْهُ سِرّاً كَبِيراً، وَأَمَرَهُ أَنْ يَذْكُرَهُ سَبْعَةَ أَيَّامٍ وَيَعْتَزِلَ النَّاسَ لِيَفْتَحَ اللَّهُ عَلَيْهِ، لَكِنَّ سَيِّدِي أَحْمَدَ التِّجَانِي لَمْ يَعْمَلْ بِذَلِكَ. وَقَدْ أَخْبَرَهُ أَيْضاً بِأَنَّهُ سَيَلْتَقِي بِالقُطْبِ السَّمَّانِ بِالمَدِينَةِ المُنَوَّرَةِ، وَبَشَّرَهُ أَيْضاً بِأَنَّهُ سَيَبْلُغُ مَقَامَ أَبِي الحَسَنِ الشَّاذِلِي، كَمَا سَبَقَ أَنْ أَخْبَرَهُ بِذَلِكَ سَيِّدِي مُحَمَّدُ بْنُ الحَسَنِ الوَانْجَلِي المُتَقَدِّمُ ذِكْرُهُ[1].

وَبَعْدَ أَنْ أَكْمَلَ شَعَائِرَ الحَجِّ وَزِيَارَةِ قَبْرِ سَيِّدِنَا مُحَمَّدٍ صَلَّى اللَّهُ عَلَيْهِ وَسَلَّمَ، تَوَجَّهَ إِلَى لِقَاءِ سَيِّدِي مُحَمَّدٍ بْنِ عَبْدِ الكَرِيمِ السَّمَّانِ. وَخِلَالَ هَذَا اللِّقَاءِ طَلَبَ مِنْ سَيِّدِي أَحْمَدَ التِّجَانِي أَنْ يَدْخُلَ الخَلْوَةَ عِنْدَهُ لِمُدَّةِ ثَلَاثَةِ أَيَّامٍ، فَتَعَلَّلَ لَهُ سَيِّدِي أَحْمَدُ

---

[1] ـ نفس المصدر السابق.

التِّجَانِي لِعُذْرٍ قَامَ بِهِ. وَأَذِنَ لَهُ الشَّيْخُ السَّمَّانُ فِي جَمِيعِ الأَسْمَاءِ، وَأَخْبَرَهُ بِأَنَّهُ هُوَ القُطْبُ الجَامِعُ، وَبَشَّرَهُ بِنَيْلِ المَرَامِ وَالحُصُولِ عَلَى الإِذْنِ المُطْلَقِ العَامِّ[1].

7) العَوْدَةُ مِنَ المَشْرِقِ إِلَى المَغْرِبِ وَالرِّحْلَةُ الثَّانِيَةُ إِلَى فَاسٍ:

عَادَ الشَّيْخُ سَيِّدِي أَحْمَدُ التِّجَانِي رَضِيَ اللَّهُ عَنْهُ إِلَى القَاهِرَةِ مَعَ رَكْبِ الحَجِيجِ. وَبِمُجَرَّدِ وُصُولِهِ ذَهَبَ لِزِيَارَةِ الشَّيْخِ الكُرْدِي وَالسَّلَامِ عَلَيْهِ، تَأَدُّباً. فَرَحَّبَ بِهِ وَطَلَبَ مِنْهُ أَنْ يَعُودَ لِزِيَارَتِهِ كُلَّ يَوْمٍ. فَامْتَثَلَ لِرَغْبَتِهِ. وَتَطَوَّرَ هَذَا اللِّقَاءُ اليَوْمِي بَيْنَهُمَا إِلَى جَلَسَاتٍ عِلْمِيَّةٍ وَمُنَاظَرَاتٍ. فَكَانَ الكَثِيرُ مِنَ الحَاضِرِينَ يَطْرَحُونَ خِلَالَهَا مَا أَشْكَلَ عَلَيْهِمْ مِنَ المَسَائِلِ وَالقَضَايَا، فَكَانَ يُجِيبُ عَلَيْهَا بِكُلِّ كَفَاءَةٍ وَاقْتِدَارٍ. فَذَاعَ صِيتُهُ بِمِصْرَ، وَوَفَدَ عَلَيْهِ الكَثِيرُ مِنَ العُلَمَاءِ لِلاسْتِفَادَةِ مِنْ عُلُومِهِ الغَزِيرَةِ. ثُمَّ

---

[1] ـ نفس المصدر.

أَذِنَ لَهُ الشَّيْخُ مُحَمَّدُ الكُرْدِي فِي الطَّرِيقَةِ الخَلْوَتِيَّةِ وَالتَّرْبِيَةِ الرُّوحِيَةِ، فَامْتَنَعَ سَيِّدِي أَحْمَدُ التِّجَانِي رَضِيَ اللَّهُ عَنْهُ. فَقَالَ لَهُ: لَقِّنِ النَّاسَ وَالضَّمَانُ عَلَيَّ. فَقَالَ لَهُ نَعَمْ. فَكَتَبَ لَهُ الإِجَازَةَ وَسَنَدَ الطَّرِيقِ.

ثُمَّ عَادَ إِلَى تُونِسَ، وَلَمْ يَمْكُثْ بِهَا طَوِيلاً، وَارْتَحَلَ إِلَى تِلِمْسَانَ عَامَ (1774 م، المُوَافِق 1188هـ). فَقَضَى فِيهَا حَوَالَيْ ثَلَاثَ سَنَوَاتٍ فِي العِبَادَةِ وَالمُجَاهَدَةِ وَالدَّلَالَةِ عَلَى اللَّهِ[1].

وَفِي سَنَةِ (1777 م، المُوَافِق 1191هـ) عَادَ سَيِّدِي أَحْمَدُ التِّجَانِي ثَانِيَةً مِنْ تِلِمْسَانَ إِلَى فَاسٍ، قَاصِداً زِيَارَةَ مَوْلَايَ إِدْرِيسَ الأَزْهَرِ[2].

وَالْتَقَى فِي هَذِهِ الرِّحْلَةِ بِكَاتِبِهِ وَخَازِنِ أَسْرَارِهِ سَيِّدِي مُحَمَّدِ بْنِ المَشْرِي الحَسَنِي السَّبَاعِي السَّائِحِي التَّكْرِتِي الدَّارِ[3]. وَمُنْذُ

---

[1] ـ نفس المصدر.

[2] ـ نفس المصدر. : ج: 1 / ص: 36. بغية المستفيد: ص: 205.

[3] ـ بغية المستفيد: ص: 204. جواهر المعاني: ج: 1 / ص: 35.

الْتِقَائِهِ بِهِ صَارَ يَؤُمُّ بِهِ الصَّلَاةَ وَبِأَهْلِهِ، وَيَقُومُ مَقَامَهُ فِي كِتَابَةِ الأَجْوِبَةِ حَتَّى سَنَةِ: (1208 هـ، المُوَافِق 1794م)، وَهِيَ السَّنَةُ الَّتِي بَدَأَ فِيهَا سَيِّدِي أَحْمَدُ التِّجَانِي القِيَامَ بِالإِمَامَةِ بِنَفْسِهِ امْتِثَالاً لِأَمْرِ جَدِّهِ عَلَيْهِ الصَّلَاةُ وَالسَّلَامُ.

وَفِي مَدِينَةِ وَجْدَةَ وَهُوَ قَافِلٌ إِلَى فَاسٍ الْتَقَى بِسَيِّدِي عَلِيِّ حَرَازِمَ بَرَّادَةَ الفَاسِي لِأَوَّلِ مَرَّةٍ، فَتَوَجَّهَا مَعاً إِلَى مَدِينَةِ فَاسٍ. قَالَ سَيِّدِي عَلِيُّ حَرَازِمُ بَرَّادَةُ عَنْ هَذَا اللِّقَاءِ: **"كُنتُ قَدْ رَأَيْتُ قَبْلَ هَذَا الوَقْتِ بِعَامَيْنِ رُؤْيَا تَدُلُّ عَلَى صُحْبَتِهِ وَالأَخْذِ عَنْهُ، فَبَعْدَ يَوْمَيْنِ أَوْ ثَلَاثَةٍ تَعَرَّفَ إِلَيَّ، وَذَكَرَ لِي هَذِهِ الرُّؤْيَا بِعَيْنِهَا، وَقَدْ كُنْتُ نَسِيتُهَا"**[1].

خِلَالَ هَذَا اللِّقَاءِ لَقَّنَهُ الطَّرِيقَةَ الخَلْوَتِيَّةَ وَأَسْرَاراً وَعُلُوماً، وَأَخْبَرَهُ بِمَا يَؤُولُ إِلَيْهِ أَمْرُهُ مِنَ الفَتْحِ وَالتَّمْكِينِ. وَبِذَلِكَ يَكُونُ سَيِّدِي أَحْمَدُ التِّجَانِي قَدْ لَقَّنَ هَذِهِ الطَّرِيقَةَ أَوَّلَ مَا لَقَّنَهَا لِسَيِّدِي مُحَمَّدٍ

---

[1] - جواهر المعاني: ج: 1 / ص: 34.

بْنِ المَشْرِي وَعَلِيٍّ حَرَازِمَ بَرَّادَةَ. وَقَدْ كَانَا عِنْدَ حُسْنِ ظَنِّهِ لِلتَّفَانِي الَّذِي أَظْهَرَاهُ فِي خِدْمَةِ انْتِشَارِ تَعَالِيمِ الطَّرِيقَةِ.

وَبَعْدَ زِيَارَةِ ضَرِيحِ مَوْلَايَ إِدْرِيسَ أَخْبَرَ خَلِيفَتَهُ عَلِيَّ حَرَازِمَ بَرَّادَةَ بِأَنَّهُ عَازِمٌ عَلَى العَوْدَةِ إِلَى تِلِمْسَانَ، فَوَدَّعَ خَلِيفَتَهُ فِي نَفْسِ السَّنَةِ الَّتِي وَصَلَ فِيهَا إِلَى فَاسٍ وَطَلَبَ مِنْهُ مُلَازَمَةَ العَهْدِ وَالمَحَبَّةِ وَصِدْقَ التَّوَجُّهِ إِلَى اللَّهِ.

مَكَثَ سَيِّدِي أَحْمَدُ التِّجَانِي فِي تِلِمْسَانَ مُدَّةً ثُمَّ غَادَرَهَا إِلَى قَصْرِ الشَّلَّالَةِ وَأَبِي سَمْغُونَ، حَيْثُ ضَرِيحُ الوَلِيِّ الصَّالِحِ الَّذِي سُمِّيَ القَصْرُ بِاسْمِهِ.

8) إِدْرَاكُ الوِلَايَةِ وَالقُطْبَانِيَّةِ بِأَبِي سَمْغُونَ بِفَضْلِ العِنَايَةِ المُحَمَّدِيَّةِ

حَلَّ سَيِّدِي أَحْمَدُ التِّجَانِي رَضِيَ اللَّهُ عَنْهُ بِقَصْرِ أَبِي سَمْغُونَ سَنَةَ (1781 م، المُوَافِق 1196هـ) وَبِهِ حَصَلَ لَهُ الفَتْحُ الأَكْبَرُ

وَالوِلَايَةُ العُظْمَى الَّتي صَبَرَ وَصَابَرَ مِنْ أَجْلِ الوُصُولِ إِلَيْهَا[1].

وَيُلَاحَظُ أَنَّهُ قَبْلَ حُصُولِ هَذَا الفَتْحِ تَغَيَّبَ عَنْ قَرْيَةِ أَبِي سَمْغُون مَرَّتَيْنِ لِفَتْرَتَيْنِ قَصِيرَتَيْنِ.

فَقَدْ تَوَجَّهَ فِي المَرَّةِ الأُولَى إِلَى توات لِزِيَارَةِ العَارِفِ بِاللَّهِ سَيِّدِي مُحَمَّدٍ بْنِ الفُضَيْلِ، وَهُوَ مِنْ أَهْلِ تكورارين فِي توات الغَرْبِيَّةِ. فَأَخَذَ كُلٌّ وَاحِدٍ مِنْهُمَا عَنِ الآخَرِ بَعْضَ أَسْرَارِ الطَّرِيقِ[2].

أَمَّا فِي المَرَّةِ الثَّانِيَةِ فَقَدْ تَوَجَّهَ إِلَى مَدِينَةِ تَازَةَ. وَالْتَقَى بِصَاحِبِهِ وَتِلْمِيذِهِ العَارِفِ بِاللَّهِ سَيِّدِي مُحَمَّدٍ بْنِ العَرَبِي الدَّمْرَاوِي التَّازِي[3] الَّذِي كَانَ يَنْقُلُ إِلَيْهِ الأَجْوِبَةَ مِنَ الرَّسُولِ صَلَّى اللَّهُ عَلَيْهِ وَسَلَّمَ فِي أَوَّلِ الأَمْرِ. إِذْ أَنَّهُ عِنْدَمَا كَانَ يَجْتَمِعُ بِهِ لَمْ يَكُنْ يَقْوَى عَلَى سُؤَالِهِ مُبَاشَرَةً، تَأَدُّباً مَعَ الحَضْرَةِ الشَّرِيفَةِ.

---

[1] ـ بغية المستفيد: ص: 209. جواهر المعاني: ج:1 / ص:

[2] ـ بغية المستفيد: ص: 208.

[3] ـ بغية المستفيد: ص:206.

حَصَلَ لِسَيِّدِي أَحْمَدَ التِّجَانِي الفَتْحُ الأَكْبَرُ بِأَبِي سَمْغُون مُنْذُ السَّنَةِ الأُولَى الَّتِي أَقَامَ بِهَا بَعْدَ رَحِيلِهِ مِنْ تِلِمْسَانَ عَامَ (1196هـ). فَأَذِنَ لَهُ الرَّسُولُ صَلَّى اللَّهُ عَلَيْهِ وَسَلَّمَ، يَقَظَةً لَا مَناماً، بِتَرْبِيَةِ الخَلْقِ عَلَى العُمُومِ وَالإِطْلَاقِ، بَعْدَ أَنْ كَانَ فَارّاً مِنْهُمْ.

وَعَيَّنَ لَهُ الوِرْدَ الَّذِي يُلَقِّنُهُ، وَهُوَ مِائَةٌ مِنَ الإِسْتِغْفَارِ، وَمِائَةٌ مِنَ الصَّلَاةِ عَلَى النَّبِيِّ صَلَّى اللَّهُ عَلَيْهِ وَسَلَّمَ، وَأَذِنَ لَهُ صَلَّى اللَّهُ عَلَيْهِ وَسَلَّمَ بِتَلْقِينِهِ لِكُلِّ مَنْ رَغِبَ فِيهِ مِنَ المُسْلِمِينَ وَالمُسْلِمَاتِ، بَعْدَ تَحْدِيدِ الشُّرُوطِ وَالْتِزَامِ المُرِيدِ بِهَا. وَفِي رَأْسِ المِائَةِ عَامِ (1200هـ) كَمَّلَ لَهُ صَلَّى اللَّهُ عَلَيْهِ وَسَلَّمَ فِي الوِرْدِ اللَّازِمِ مِائَةً مِنَ الكَلِمَةِ المُشَرَّفَةِ لَا إِلَهَ إِلَّا اللَّهُ[1].

[1] ـ جواهر المعاني: ج: 1 / ص: 36.

وَأَخْبَرَهُ صَلَّى اللَّهُ عَلَيْهِ وَسَلَّمَ بِأَنَّهُ مُرَبِّيهِ وَكَافِلُهُ، وَأَنَّهُ لَا يَصِلُهُ شَيْءٌ مِنَ اللَّهِ إِلَّا عَلَى يَدَيْهِ وَبِوَاسِطَتِهِ، وَلَا مِنَّةَ لِأَحَدٍ مِنْ شُيُوخِ الطُّرُقِ عَلَيْهِ.

"فَأَنَا وَاسِطَتُكَ وَمُمِدُّكَ عَلَى التَّحْقِيقِ، .. فَاتْرُكْ عَنْكَ جَمِيعَ مَا أَخَذْتَ مِنْ جَمِيعِ الطُّرُقِ، والْزَمْ هَذِهِ الطَّرِيقَةَ مِنْ غَيْرِ خَلْوَةٍ وَلَا اعْتِزَالٍ عَنِ النَّاسِ حَتَّى تَصِلَ مَقَامَكَ الَّذِي وُعِدْتَ بِهِ وَأَنْتَ عَلَى حَالِكَ مِنْ غَيْرِ ضَيْقٍ وَلَا حَرَجٍ وَلَا كَثْرَةِ مُجَاهَدَةٍ، وَاتْرُكْ عَنْكَ جَمِيعَ الأَوْلِيَاءِ" [1]

وَعَمَلاً بِهَذَا الأَمْرِ المُحَمَّدِي تَرَكَ سَيِّدِي أَحْمَدُ التِّجَانِي رَضِيَ اللَّهُ عَنْهُ جَمِيعَ الطُّرُقِ، وَلَمْ يَعُدْ يَطْلُبُ أَيَّ شَيْءٍ مِنَ الأَوْلِيَاءِ.

وَكَانَ فَتْحُهُ وَوُصُولُهُ عَلَى يَدَيْهِ صَلَّى اللَّهُ عَلَيْهِ وَسَلَّمَ. وَمَنْ كَانَ فَتْحُهُ وَوُصُولُهُ عَلَى يَدَيْهِ كَانَ أَرْفَعَ قَدْراً وَأَعْظَمَ شَأْناً، كَمَا هُوَ مَعْلُومٌ عِنْدَ أَهْلِ الطُّرُقِ.

---

[1] ـ جواهر المعاني: ج: 1 / ص: 36.

وَمُنْذُ وُقُوعِ هَذَا الفَتْحِ وَالفَيْضِ بَدَأَ يَتَكَاثَرُ عَلَى شَيْخِنَا وُرُودُ الأَنْوَارِ وَالأَسْرَارِ وَالتَّرَقِّيَاتِ فِي أَبِي سَمْغُونَ وَالشَّلَّالَةِ.

وَمَا أَنْ اشْتَهَرَ أَمْرُهُ وَذَاعَ خَبَرُهُ بَيْنَ النَّاسِ حَتَّى شَرَعَتْ تَتَوَافَدُ عَلَيْهِ أَعْدَادٌ كَثِيرَةٌ مِنَ الخَلْقِ بُغْيَةَ الأَخْذِ عَنْهُ وَالانْتِمَاءِ إِلَيْهِ وَالاسْتِزَادَةِ مِمَّا كَانَ يَمُدُّهُمْ بِهِ فِي الحِسِّ وَالمَعْنَى.

ثُمَّ انْتَقَلَ مِنْ أَبِي سَمْغُونَ مِنْ بِلَادِ الصَّحْرَاءِ، فِي السَّابِعِ عَشَرَ مِنْ رَبِيعٍ الأَوَّلِ سَنَةَ (1211 هـ)، وَدَخَلَ فَاسَ فِي السَّادِسِ مِنْ رَبِيعٍ الثَّانِي فِي العَامِ نَفْسِهِ.

قَالَ صَاحِبُ الاسْتِقْصَا: وَفِي هَذِهِ السَّنَةِ (1211هـ) قَدِمَ الشَّيْخُ الفَقِيهُ المُتَصَوِّفُ أَبُو العَبَّاسِ أَحْمَدُ التِّجَانِي إِلَى فَاسٍ فَاسْتَوْطَنَهَا وَكَانَ البَايْ مُحَمَّدُ بْنُ عُثْمَانَ صَاحِبُ وَهْرَانَ قَدْ أَزْعَجَهُ مِنْ تِلِمْسَانَ إِلَى قَرْيَةِ أَبِي سَمْغُونَ، فَأَقَامَ بِهَا وَأَقْبَلَ أَهْلُهَا عَلَيْهِ، ثُمَّ لَمَّا مَاتَ البَايْ المَذْكُورُ وَوَلِيَ بَعْدَهُ ابْنُهُ عُثْمَانُ بْنُ

مُحَمَّدٍ سَعَى عِنْدَهُ بِالشَّيْخِ التِّجَانِي، فَبَعَثَ إِلَى أَهْلِ أَبِي سَمْغُون وَتَهَدَّدَهُمْ لِيُخْرِجُوهُ،

وَلَمَّا سَمِعَ بِذَلِكَ الشَّيْخُ المَذْكُور خَرَجَ مَعَ بَعْضِ تَلامِذَتِهِ وَأَوْلَادِهِ وَسَلَكَ طَرِيقَ الصَّحْرَاءِ حَتَّى حَلَّ بِفَاسٍ، وَلَمَّا دَخَلَهَا بَعَثَ رَسُولَهُ بِكِتَابِهِ إِلَى أَمِيرِ المُؤْمِنِينَ المَوْلَى سُلَيْمَانَ يُعْلِمُهُ بِأَنَّهُ هَاجَرَ إِلَيْهِ مِنْ جُورِ التُّرْكِ وَظُلْمِهِمْ، وَاسْتَجَارَ مِنْهُمْ بِأَهْلِ البَيْتِ الكَرِيمِ، فَقَبِلَهُ السُّلْطَانُ وَأَذِنَ لَهُ فِي الدُّخُولِ عَلَيْهِ، وَالحُضُورِ بِمَجْلِسِهِ. وَلَمَّا اجْتَمَعَ بِهِ وَرَأَى سَمْتَهُ وَمُشَارَكَتَهُ فِي العُلُومِ أَقْبَلَ عَلَيْهِ، وَاعْتَقَدَهُ، وَأَعْطَاهُ دَاراً مُعْتَبَرَةً مِنْ دُورِهِ كَانَ أَنْفَقَ فِي عِمَارَتِهَا نَحْواً مِنْ عِشْرِينَ أَلْفَ مِثْقَالٍ، وَرَتَّبَ لَهُ مَا يَكْفِيهِ، وَأَقْبَلَ عَلَيْهِ الخَلْقُ وَاشْتَهَرَ أَمْرُهُ بِفَاسٍ وَالمَغْرِبِ وَهُوَ شَيْخُ الطَّائِفَةِ التِّجَانِيَةِ رَحِمَهُ اللَّهُ وَنَفَعَنَا بِهِ[1].

---

[1] ـ الاستقصا لأخبار دول المغرب الأقصى (3/ 105)

وَبَعْدَ أَنْ رَكَّزَ سَيِّدِي أَحْمَدُ التِّجَانِي أُسُسَ الزَّاوِيَةِ اسْتَمَرَّ فِي نَشْرِ الطَّرِيقَةِ وَالْإِذْنِ فِي الْأَوْرَادِ. فَانْطَلَقَتِ الطَّرِيقَةُ التِّجَانِيَّةُ لِتَعُمَّ الْمَغْرِبَ الْأَقْصَى بِكَامِلِهَا وَالصَّحْرَاءَ وَالسُّودَانَ الْغَرْبِيَّ.

وَقَدْ بَرَزَ سَيِّدِي أَحْمَدُ التِّجَانِي شَيْخاً عَارِفاً بِاللهِ، كَرَّسَ حَيَاتَهُ لِلتَّرْبِيَةِ الرُّوحِيَّةِ، وَالْأَخْذِ بِيَدِ السَّالِكِينَ لِتَرْقِيَتِهِمْ إِلَى أَعْلَى دَرَجَاتِ الْقُرْبِ، خُصُوصاً بَعْدَ هِجْرَتِهِ إِلَى فَاسٍ لِلْإِقَامَةِ بِهَا بِصِفَةٍ نِهَائِيَّةٍ إِلَى أَنْ لَقِيَ رَبَّهُ فِي صُبْحِ يَوْمِ الْخَمِيسِ السَّابِعَ عَشَرَ مِنْ شَوَّالٍ سَنَةَ (1230 هـ)، وَلَهُ يَوْمَئِذٍ ثَمَانُونَ سَنَةً، وَدُفِنَ فِي فَاسٍ، رَضِيَ اللهُ عَنْهُ وَأَرْضَاهُ.

لَقَدْ جَمَعَ إِمَامُنَا التِّجَانِي بَيْنَ عُلُوِّ الْهِمَّةِ وَحِفْظِ الْحُرْمَةِ وَنُفُوذِ الْعَزْمِ. عَمِلَ فِي بِدَايَتِهِ عَلَى تَصْحِيحِ التَّوْبَةِ بِشُرُوطِهَا، وَحِفْظِ الشَّرِيعَةِ وَحُدُودِهَا. وَنَفَى إِرَادَتَهُ وَقَطَعَ عَنْ نَفْسِهِ الْحُظُوظَ وَالْعَلَائِقَ، وَانْقَطَعَ إِلَى اللهِ بِمُرَاعَاةِ حَقِّهِ، فَانْكَشَفَتْ لَهُ الْحَقَائِقُ. عَمِلَ عَلَى نَفْيِ الرُّخَصِ وَالتَّأْوُّلَاتِ، وَشَمَّرَ عَنْ سَاعِدِ الْجِدِّ،

وَكَفَّ نَفْسَهُ عَمَّا لَا يَعْنِيهِ، وَتَمَسَّكَ بِالكِتَابِ وَالسُّنَّةِ وَمَا دَرَجَ عَلَيْهِ سَلَفُ الأُمَّةِ، وَتَوَجَّهَ بِكُلِّيَّتِهِ إِلَى مَوْلَاهُ، فَكَفَاهُ عَمَّا سِوَاهُ. أَسَّسَ بُنْيَانَهُ أَوَّلاً بِاشْتِغَالِهِ بِعِلْمِ الحَدِيثِ وَالقُرْآنِ، وَتَبَحَّرَ فِي غَرَائِبِ العُلُومِ وَدَقَائِقِ الفُهُومِ.

كَانَ الشَّيْخُ رَضِيَ اللَّهُ عَنْهُ مِنْ أَعْظَمِ الأَئِمَّةِ فِي مَنْ أَجْمَعَ العُلَمَاءُ عَلَى تَعْظِيمِهِ وَتَوْقِيرِهِ وَاحْتِرَامِهِ مِنْ غَيْرِ مُدَافِعٍ وَلَا مُنَازِعٍ مِنْ أَرْبَابِ الصِّدْقِ، وَإِلَيْهِ انْتَهَتْ رِئَاسَةُ هَذَا الشَّأْنِ فِي تَرْبِيَةِ السَّالِكِينَ وَتَهْذِيبِ المُرِيدِينَ. وَلَمْ يَكُنْ أَحَدٌ قَدْ بَلَغَ مَا بَلَغَ. فَهُوَ رَضِيَ اللَّهُ عَنْهُ شَرِيفُ الخِلَالِ، لَطِيفُ الصِّفَاتِ، كَامِلُ الأَدَبِ، جَلِيلُ القَدْرِ، وَافِرُ العَقْلِ، دَائِمُ البِشْرِ، مَخْفُوضُ الجَنَاحِ، كَثِيرُ التَّوَاضُعِ، شَدِيدُ الحَيَاءِ، مُتَّبِعُ أَحْكَامَ الشَّرْعِ وَآدَابَ السُّنَّةِ، مُحِبّاً لِأَهْلِ الصَّلَاحِ وَالفَضْلِ، مُكْرِماً لِأَرْبَابِ العِلْمِ.

الفَصْلُ الثَّانِي: شُرُوطُ الطَّرِيقَةِ التِّجَانِيَةِ [1]

شُرُوطُ الطَّرِيقَةِ التِّجَانِيَةِ[2] ثَلَاثٌ وَعِشْرُونَ شَرْطاً (23) مَنْ اسْتَكْمَلَهَا كُلَّهَا فَهُوَ مِنْ أَهْلِ الطَّرِيقَةِ الفَائِزِينَ المَحْبُوبِينَ المُقَرَّبِينَ، وَمَنْ اسْتَكْمَلَ الأَحَدَ وَالعِشْرِينَ شَرْطاً الأُولَى فَقَطْ فَهُوَ مِنَ الرَّابِحِينَ المَحْبُوبِينَ وَإِنْ لَمْ يُسَاوِي الأَوَّلِينَ.

1) شُرُوطُ صِحَّةِ التَّلْقِينِ

1- كَوْنُ الشَّيْخِ الَّذِي يُلَقِّنُ الأَذْكَارَ مَأْذُوناً بِالتَّلْقِينِ مِمَّنْ صَحَّ إِذْنُهُ عَنْ الشَّيْخِ رَضِيَ اللَّهُ عَنْهُ وَإِنْ تَعَدَّدَتْ الوَسَائِطُ.

2- أَنْ يَكُونَ طَالِبُ التَّلْقِينِ خَالِياً مِنْ أَوْرَادِ المَشَايِخِ أَوْ مُنْسَلِخاً عَنْهُ. أَيْ الإِنْفِرَادُ بِهَذِهِ الطَّرِيقَةِ طُولَ الحَيَاةِ فَلَا يَجْمَعُ مَعَهَا طَرِيقَةً أَوْ وِرْداً غَيْرَهَا.

---

[1] – أنظر لهذه الشرط: بغية المستفيد: ص: 346. وما بعدها.

[2] – أنظر أركان الطريقة وشروطها ومتعلقاته في جواهر المعاني مع الرماح: ج: 1: ص: 85. وما بعدها

3- كَوْنُ التِّلْمِيذِ مَأْذُوناً فِي الذِّكْرِ بِتَلْقِينٍ صَحِيحٍ مِمَّنْ كَانَ لَهُ إِذْنٌ صَحِيحٌ مِنَ القُدْوَةِ أَوْ مِمَّنْ أَذِنَ لَهُ.

2) شُرُوطُ الصُّحْبَةِ:

4- عَدَمُ زِيَارَةِ وَاحِدٍ مِنَ الأَوْلِيَاءِ الأَحْيَاءِ وَالأَمْوَاتِ، مَعَ تَعْظِيمِهِمْ وَمَحَبَّتِهِمْ وَإِكْرَامِهِمْ جَمِيعاً، وَالاقْتِصَارُ فِي الزِّيَارَةِ عَلَى مَنْ أَذِنَ الشَّيْخُ رَضِيَ اللَّهُ عَنْهُ فِي زِيَارَتِهِمْ وَهُمْ الأَنْبِيَاءُ وَأَصْحَابُ النَّبِيِّ صَلَّى اللَّهُ عَلَيْهِ وَسَلَّمَ وَالإِخْوَانُ فِي الطَّرِيقَةِ.

قَالَ شَيْخُنَا رَضِيَ اللَّهُ عَنْهُ:

اعْلَمْ أَنَّ هَذَا الوِرْدَ العَظِيمَ لَا يُلَقَّنُ لِمَنْ لَهُ وِرْدٌ مِنْ أَوْرَادِ المَشَايِخِ رَضِيَ اللَّهُ عَنْهُمْ إِلَّا إِنْ تَرَكَهُ وَانْسَلَخَ عَنْهُ وَلَا يَعُودُ إِلَيْهِ أَبداً، فَعِنْدَ ذَلِكَ يُلَقِّنُهُ مَنْ لَهُ الإِذْنُ الخَاصُّ وَإِلَّا فَلْيَتْرُكْهُ هُوَ وَوِرْدَهُ، لِأَنَّ أَوْرَادَ المَشَايِخِ كُلِّهِم رَضِيَ اللَّهُ عَنْهُمْ عَلَى هُدًى مِنْ رَبِّهِمْ وَبَيِّنَةٍ، وَكُلُّهَا مُسَلِّكَةٌ وَمُوصِلَةٌ إِلَى

اللَّهِ، وَهَذَا لَيْسَ مِنَّا تَكَبُّراً أَوْ اسْتِعْلَاءً عَلَى المَشَايِخِ، كَلَّا وَحَاشَا وَمَعَاذَ اللَّهِ.

بَلْ هَذَا الشَّرْطُ مَشْرُوطٌ فِي طَرِيقَتِنَا لَا غَيْرَ، فَمَنْ أَرَادَ الدُّخُولَ فِيهَا فَلَا بُدَّ لَهُ مِنْ هَذَا الشَّرْطِ، وَكَذَا مَنْ أَخَذَ وِرْدَنَا وَدَخَلَ فِي طَرِيقَتِنَا لَا يَزُورُ أَحَداً مِنَ الأَوْلِيَاءِ الأَحْيَاءِ وَالأَمْوَاتِ أَصْلاً [1].

وَبِذَلِكَ فَإِنَّ الزِّيَارَةَ المَمْنُوعَةَ هِيَ زِيَارَةُ التَّعَلُّقِ وَالتَّبَرُّكِ وَالاسْتِمْدَادِ الَّتِي هِيَ مَدَارُ التَّرْبِيَةِ فِي الطَّرِيقَةِ، وَلَا يُقْصَدُ بِهَذَا مَنْعُ التَّوَاصُلِ فِي اللَّهِ وَالرَّحِمِ.

5- دَوَامُ مَحَبَّةِ الشَّيْخِ بِلَا انْقِطَاعٍ إِلَى المَمَاتِ وَخَلِيفَةِ الشَّيْخِ مِنْ بَعْدِهِ.

6- أَنْ لَا يَصْدُرَ مِنْهُ سَبٌّ وَلَا بُغْضٌ وَلَا عَدَاوَةٌ فِي جَانِبِ الشَّيْخِ رَضِيَ اللَّهُ عَنْهُ.

---

[1] - جواهر المعاني :ج: 1 / ص: 86.

7- الاعْتِقَادُ فِي الشَّيْخِ رَضِيَ اللَّهُ عَنْهُ وَتَصْدِيقُهُ فِي جَمِيعِ أَقْوَالِهِ فَإِنَّهَا مُطَابِقَةٌ لِلْكِتَابِ وَالسُّنَّةِ، قَالَ رَضِيَ اللَّهُ عَنْهُ وَعَنَّا بِهِ:

مَنْ أَخَذَ عَنِّي الوِرْدَ المَعْلُومَ، الَّذِي هُوَ لَازِمٌ لِلطَّرِيقِ، أَوْ عَمَّنْ أَذِنْتُهُ، يَدْخُلُ الجَنَّةَ هُوَ وَوَالِدَاهُ وَأَزْوَاجُهُ وَذُرِّيَتُهُ المُنْفَصِلَةُ عَنْهُ. لَا الحَفَدَةُ، بِلَا حِسَابٍ وَلَا عِقَابٍ، بِشَرْطِ أَنْ لَا يَصْدُرَ مِنْهُمْ سَبٌّ وَلَا بُغْضٌ وَلَا عَدَاوَةٌ[1]،

وَيُدِيمَ مَحَبَّةَ الشَّيْخِ إِلَى المَمَاتِ، وَكَذَلِكَ مُدَاوَمَةُ الوِرْدِ إِلَى المَمَاتِ ... وَعَدَمُ الأَمْنِ مِنْ مَكْرِ اللَّهِ تَعَالَى[2]."

8- السَّلَامَةُ مِنَ الانْتِقَادِ عَلَى الشَّيْخِ رَضِيَ اللَّهُ عَنْهُ.

---

[1] - جواهر المعاني :ج: 1 / ص: 93.

[2] - جواهر المعاني :ج: 1 / ص: 93.

3) الشُّرُوطُ العَامَّةُ

9- دَوَامُ المُحَافَظَةِ عَلَى سَائِرِ الأُمُورِ الشَّرْعِيَّةِ، وَمِنْ ذَلِكَ المُحَافَظَةُ عَلَى الصَّلَوَاتِ الخَمْسِ فِي الجَمَاعَةِ (إِنْ أَمْكَنَ) ، وَبِرُّ الوَالِدَيْنِ.

10- عَدَمُ الأَمْنِ مِنْ مَكْرِ اللَّهِ عَزَّ وَجَلَّ، قَالَ اللَّهُ تَعَالَى {**فَلَا يَأْمَنُ مَكْرَ اللَّهِ إِلَّا الْقَوْمُ الْخَاسِرُونَ**}[1] وَمِنْهُ أَنْ يَرْتَكِبَ المَعْصِيَةَ اتِّكَالاً عَلَى رَحْمَةِ اللَّهِ تَعَالَى أَوْ شَفَاعَةِ نَبِيٍّ أَوْ وَلِيٍّ.

11- مُدَاوَمَةُ الوِرْدِ إِلَى المَمَاتِ، قَالَ تَعَالَى: {**يُوفُونَ بِالنَّذْرِ وَيَخَافُونَ يَوْمًا كَانَ شَرُّهُ مُسْتَطِيرًا**}[2].

فَالأَوْرَادُ اللَّازِمَةُ لِلطَّرِيقَةِ لَا تُعْطَى إِلَّا لِمَنْ الْتَزَمَهَا طُولَ حَيَاتِهِ، فَتُصْبِحُ وَاجِبَةً كَسَائِرِ العِبَادَاتِ المَنْذُورَةِ، وَحِكْمَةُ نَذْرِ الأَوْرَادِ أَنْ يُثَابَ عَلَيْهَا ثَوَابَ الفَرِيضَةِ، وَبِهَذِهِ الوَسِيلَةِ يَكْثُرُ

---

[1] - [الأعراف: 99].

[2] - [الإنسان: 7]

الثَّوَابُ وَيَسْهُلُ القِيَامُ بِهِ وَالمُدَاوَمَةُ عَلَيْهِ، جَاءَ فِي الحَدِيثِ الشَّرِيفِ "**إِنَّ أَحبَّ الأَعْمَالِ إِلَى اللَّهِ أَدْوَمُهَا وَإِنْ قَلَّ**" رَوَاهُ الشَّيْخَانِ.

12- الاجْتِمَاعُ لِلْوَظِيفَةِ وَذِكْرِ الهَيْلَلَةِ بَعْدَ عَصْرِ يَوْمِ الجُمُعَةِ.

13- أَنْ لَا تُقْرَأَ جَوْهَرَةُ الكَمَالِ إِلَّا بِالطَّهَارَةِ المَائِيَةِ لَا بِالتُّرَابِيَةِ. وَمَنْ كَانَ فَرْضُهُ التَّيَمُّمَ عَوَّضَ عَنْ جَوْهَرَةِ الكَمَالِ بِعِشْرِينَ (20) مِنْ صَلَاةِ الفَاتِحِ.

14- عَدَمُ وُقُوعِ المُقَاطَعَةِ بَيْنَهُ وَبَيْنَ جَمِيعِ الخَلْقِ وَلَا سِيَّمَا بَيْنَهُ وَبَيْنَ إِخْوَانِهِ فِي الطَّرِيقَةِ.

15- عَدَمُ التَّهَاوُنِ بِالوِرْدِ: كَتَأْخِيرِهِ عَنْ وَقْتِهِ مِنْ غَيْرِ عُذْرٍ وَنَحْوِهِ. قَالَ الشَّيْخُ رَضِيَ اللَّهُ عَنْهُ:

مَنْ أَخَذَهُ وَتَرَكَهُ تَرْكاً كُلِّيّاً أَوْ تَهَاوَنَ بِهِ حَلَّتْ بِهِ عُقُوبَةٌ، وَيَأْتِيهِ الهَلَاكُ"[1] . .

---

[1] ـ جواهر المعاني :ج: 1 / ص: 86.

16- عَدَمُ التَّصَدُّرِ لِإِعْطَاءِ الوِرْدِ مِنْ غَيْرِ إِذْنٍ صَحِيحٍ فِي الإِعْطَاءِ.

17- احْتِرَامُ كُلِّ مَنْ كَانَ مُنْتَسِباً إِلَى الشَّيْخِ رَضِيَ اللَّهُ عَنْهُ وَخَاصَّةً الكِبَارَ أَهْلَ الخُصُوصِيَّةِ مِنْ هَذِهِ الطَّرِيقَةِ.

4) شُرُوطُ صِحَّةِ أَدَاءِ الأَوْرَادِ:

18- النِّيَّةُ.

19- الطَّهَارَةُ الثَّوْبِيَّةُ وَالبَدَنِيَّةُ إِنْ أَمْكَنَ وَطَهَارَةُ المَكَانِ.

20- سَتْرُ العَوْرَةِ كَالصَّلَاةِ وَالجُلُوسِ وَاسْتِقْبَالِ القِبْلَةِ إِلَّا لِسَفَرٍ.

21- عَدَمُ الكَلَامِ إِلَّا لِضَرُورَةٍ إِنْ لَمْ تَكْفِ الإِشَارَةُ، كَإِجَابَةِ أَحَدِ أَبَوَيْهِ، أَوْ زَوْجَةٍ لِنِدَاءِ زَوْجِهَا، أَوْ مُرِيدٍ لِشَيْخِهِ.

5) الشُّرُوطُ المُكَمِّلَةُ:

22- اسْتِحْضَارُ صُورَةِ القُدْوَةِ أَثْنَاءَ الذِّكْرِ وَالاسْتِمْدَادِ مِنْهُ، وَأَعْظَمُ مِنْ ذَلِكَ اسْتِحْضَارُ صُورَةِ النَّبِيِّ صَلَّى اللَّهُ عَلَيْهِ وَسَلَّمَ،

فَإِنَّ فِي ذَلِكَ تَرْوِيضاً لِلنَّفْسِ عَلَى التَّأَدُّبِ وَرَبْطِ الْقَلْبِ مَعَهُمَا وَالاقْتِدَاءِ بِهِمَا.

23- اسْتِحْضَارُ مَعَانِي أَلْفَاظِ الذِّكْرِ قَدْرَ الاسْتِطَاعَةِ.

6) كَيْفِيَّةُ قِرَاءَةِ الأَوْرَادِ:

أَوَّلاً: الوِرْدُ اللاَّزِمُ:

وَيُقْرَأُ سِرّاً مَرَّتَيْنِ فِي اليَوْمِ انْفِرَادِيّاً وَتَرْتِيبُهُ:

- أَعُوذُ بِاللَّهِ مِنَ الشَّيْطَانِ الرَّجِيمِ.
- فَاتِحَةُ الكِتَابِ مَرَّةً.
- أَسْتَغْفِرُ اللَّهَ (مِائَةَ مَرَّةٍ).
- ثُمَّ الصَّلَاةُ عَلَى النَّبِيِّ صَلَّى اللَّهُ عَلَيْهِ وَسَلَّمَ بِأَيَّةِ صِيغَةٍ (مِائَةَ مَرَّةٍ) وَمِمَّا حَضَّ عَلَيْهِ شَيْخُنَا رَضِيَ اللَّهُ عَنْهُ، قِرَاءَةُ صَلَاةِ الفَاتِحِ، لِمَا فِيهَا مِنْ جَوَامِعِ الثَّنَاءِ عَلَى رَسُولِ اللَّهِ صَلَّى اللَّهُ عَلَيْهِ وَسَلَّمَ. وَنَصُّهَا: اللَّهُمَّ صَلِّ عَلَى سَيِّدِنَا مُحَمَّدٍ الفَاتِحِ لِمَا أُغْلِقَ، وَالخَاتِمِ لِمَا سَبَقَ نَاصِرِ الحَقِّ بِالحَقِّ، وَالهَادِي

إِلَى صِرَاطِكَ الْمُسْتَقِيمِ وَعَلَى آلِـهِ حَـقَّ قَـدْرِهِ وَمِقْدَارِهِ الْعَـظِيمِ.

- ثُمَّ سُبْحَانَ رَبِّكَ رَبِّ الْعِزَّةِ عَمَّا يَصِفُونَ، وَسَلَامٌ عَلَى الْمُرْسَلِينَ، وَالْحَمْدُ لِلَّهِ رَبِّ الْعَالَمِينَ

- ثُمَّ – الكَلِمَةُ الْمُشَرَّفَةُ – لاَ إِلهَ إِلاَّ اللَّهُ (مِائَةَ مَرَّةٍ)، بَعْدَهَا: سَيِّدُنَا مُحَمَّدٌ رَسُولُ اللَّهِ عَلَيْهِ سَلَامُ اللَّهِ.

- وَلَابُدَّ مِنَ التَّرْتِيبِ فِي الأَوْرَادِ.

ثانياً: الوَظِيفَةُ:

وَتُقْرَأُ جَهْراً فِي اليَوْمِ مَرَّةً أَوْ مَرَّتَيْنِ، وَهِيَ:

- أَعُوذُ بِاللَّهِ مِنَ الشَّيْطَانِ الرَّجِيمِ.

- فَاتِحَةُ الكِتَابِ مَرَّةً.

- أَسْتَغْفِرُ اللَّهَ العَظِيمَ الَّذِي لاَ إِلهَ إِلاَّ هُوَ الحَيُّ القَيُّومُ (ثَلاَثِينَ مَرَّةً).

- ثُمَّ صَلَاةُ الفَاتِحِ (خَمْسِينَ مَرَّةً) بَعْدَهَا سُبْحَانَ رَبِّكَ رَبِّ الْعِزَّةِ عَمَّا يَصِفُونَ، وَسَلَامٌ عَلَى الْمُرْسَلِينَ، وَالْحَمْدُ لِلَّهِ رَبِّ الْعَالَمِينَ مَرَّةً.
- ثُمَّ لَا إِلَهَ إِلَّا اللَّهُ (مِائَةَ مَرَّةٍ). بَعْدَهَا: سَيِّدُنَا مُحَمَّدٌ رَسُولُ اللَّهِ عَلَيْهِ سَلَامُ اللَّهِ. مَرَّةً.
- ثُمَّ جَوْهَرَةُ الكَمَالِ (اثْنَتَيْ عَشْرَةَ مَرَّةً) مَعَ الطَّهَارَةِ المَائِيَةِ الكَامِلَةِ. وَالطَّهَارَةُ مُشَرَّعَةٌ حَالَ الذِّكْرِ عِنْدَ جَمِيعِ الأَئِمَّةِ. فَإِنْ لَمْ تَتَوَفَّرْ شُرُوطُهَا، قَرَأَ عِشْرِينَ مِنْ صَلَاةِ الفَاتِحِ. وَنَصُّ جَوْهَرَةِ الكَمَالِ هُوَ:
- اللَّهُمَّ صَلِّ وَسَلِّمْ عَلَى عَيْنِ الرَّحْمَةِ الرَّبَّانِيَةِ وَاليَاقُوتَةِ المُتَحَقِّقَةِ الحَائِطَةِ بِمَرْكَزِ الفُهُومِ والمَعَانِي، وَنُورِ الأَكْوَانِ المُتَكَوِّنَةِ الآدَمِي صَاحِبِ الحَقِّ الرَّبَّانِي، البَرْقِ الأَسْطَعِ بِمُزُونِ الأَرْبَاحِ المَالِئَةِ لِكُلِّ مُتَعَرِّضٍ مِنَ البُحُورِ وَالأَوَانِي، وَنُورِكَ اللَّامِعِ الذي مَلَأْتَ بِهِ كَوْنَكَ الحَائِطَ بِأَمْكِنَةِ المَكَانِي، اللَّهُمَّ

صَلِّ وَسَلِّمْ عَلَى عَيْنِ الحَقِّ الَّتِي تَتَجَلَّى مِنْهَا عُرُوشُ الحَقَائِقِ. عَيْنِ المَعَارِفِ الأَقْوَمِ صِرَاطِكَ التَّامِّ الأَسْقَمِ. اللَّهُمَّ صَلِّ وَسَلِّمْ عَلَى طَلْعَةِ الحَقِّ بِالحَقِّ الكَنْزِ الأَعْظَمِ. إِفَاضَتِكَ مِنْكَ إِلَيْكَ إِحَاطَةِ النُّورِ المُطَلْسَمِ. صَلَّى اللهُ عَلَيْهِ وَعَلَى آلِهِ، صَلاَةً تُعَرِّفُنَا بِهَا إِيَّاهُ.

- ثُمَّ { إِنَّ اللَّهَ وَمَلَائِكَتَهُ يُصَلُّونَ عَلَى النَّبِيِّ يَا أَيُّهَا الَّذِينَ آمَنُوا صَلُّوا عَلَيْهِ وَسَلِّمُوا تَسْلِيمًا } ثُمَّ: صَلَّى اللَّهُ عَلَيْهِ وَعَلَى آلِهِ وَصَحْبِهِ وَسَلَّمَ تَسْلِيماً، ثُمَّ: سُبْحَانَ رَبِّكَ رَبِّ الْعِزَّةِ عَمَّا يَصِفُونَ، وَسَلَامٌ عَلَى الْمُرْسَلِينَ، وَالْحَمْدُ لِلَّهِ رَبِّ الْعَالَمِينَ مَرَّةً.

ثَالِثاً: ذِكْرُ الجُمُعَةِ:

وَوَقْتُهُ مِنْ بَعْدِ عَصْرِ يَوْمِ الجُمُعَةِ وَحَتَّى غُرُوبِ الشَّمْسِ، وَيُشْتَرَطُ الاجْتِمَاعُ لَهُ، وَلَا يُقْضَى لِمَنْ فَاتَهُ، وَقَدْ فَاتَهُ خَيْرٌ كَثِيرٌ. وَتَرْتِيبُ الذِّكْرِ بَعْدَ النِّيَّةِ هُوَ:

الاسْتِعَاذَةُ مَرَّةً وَاحِدَةً (1) وَصِيغَتُهَا أَعُوذُ بِاللهِ مِنَ الشَّيْطَانِ الرَّجِيمِ وَالبَسْمَلَةُ مَرَّةً وَاحِدَةً (1) وَصِيغَتُهَا بِسْمِ اللهِ الرَّحْمَنِ الرَّحِيمِ مُتَّصِلَةً مَعَ الحَمْدَلَةِ مِنْ فَاتِحَةِ الكِتَابِ، ثُمَّ تُكْمِلُ السُّورَةَ إِلَى آخِرِهَا، ثُمَّ الاسْتِغْفَارُ وَصِيغَتُهُ: أَسْتَغْفِرُ اللهَ العَظِيمَ الَّذِي لَا إِلَهَ إِلَّا هُوَ الحَيُّ القَيُّومُ ثَلَاثَ مَرَّاتٍ (3) ثُمَّ صَلَاةُ الفَاتِحِ ثَلَاثَ مَرَّاتٍ (3) ثُمَّ آخِرُ الصَّافَّاتِ (سُبْحَانَ رَبِّكَ رَبِّ الْعِزَّةِ عَمَّا يَصِفُونَ، وَسَلَامٌ عَلَى الْمُرْسَلِينَ، وَالْحَمْدُ لِلَّهِ رَبِّ الْعَالَمِينَ) مَرَّةً وَاحِدَةً (1). ثُمَّ تَذْكُرُ الكَلِمَةَ المُشَرَّفَةَ (لَا إِلَهَ إِلَّا اللَّهُ) وَتَبْدَأُ بِقَوْلِهِ تَعَالَى (فَاعْلَمْ أَنَّهُ لَا إِلَهَ إِلَّا اللَّهُ) وَتُكَرِّرُ (لَا إِلَهَ إِلَّا اللَّهُ) بِالمَدِّ بِدُونِ عَدَدٍ، وَمَنْ كَانَ لَهُ عُذْرٌ ذَكَرَ مِنْ أَلْفٍ

(1000) إِلَى أَلْفٍ وَمِائَتَيْنِ (1200). وَلَا يَزِيدُ عَنْ أَلْفٍ وَسِتِّمِائَةٍ (1600) تُخْتَمُ بِمَرَّةٍ وَاحِدَةٍ مِنْ سَيِّدُنَا مُحَمَّدٌ رَسُولُ اللَّهِ عَلَيْهِ سَلَامُ اللَّهِ. ثُمَّ الدُّعَاءُ مَخْتُوماً بِوَاحِدَةٍ مِنَ الفَاتِحَةِ وَثَلَاثٍ مِنْ صَلَاةِ الفَاتِحِ. وَيَكُونُ الذِّكْرُ مُتَّصِلاً بِالغُرُوبِ.

الفَصْلُ الثَّالِثُ: تَرَاجِمُ بَعْضِ كُبَرَاءِ أَصْحَابِ الشَّيْخِ رَضِيَ اللَّهُ عَنْهُ

1- سَيِّدِي أَبُو عَبْدِ اللَّهِ مُحَمَّدُ بْنُ مُحَمَّدِ بْنِ المَشْرِي الحَسَنِي السَّائِحِي السُّبَاعِي التُّوكُورْتِي، العَالِمُ العَلَّامَةُ، الدَّرَّاكَةُ الفَهَّامَةُ، الفَقِيهُ العَارِفُ بِاللَّهِ القُدْوَةُ، حَامِلُ مَذْهَبِ الإِمَامِ مَالِكٍ، وَالسَّالِكُ فِي العُلُومِ أَقْوَمَ المَسَالِكِ، خِزَانَةُ الأَسْرَارِ العِرْفَانِيَةِ، وَتُرْجُمَانُ الطَّرِيقَةِ التِّجَانِيَةِ، الشَّرِيفُ الجَلِيلُ المُنِيفُ.

كَانَ رَحِمَهُ اللَّهُ مِنْ خَاصَّةِ الخَاصَّةِ مِنْ أَصْحَابِ سَيِّدِنَا رَضِيَ اللَّهُ عَنْهُ، الغَارِفِينَ مِنْ مَنْهَلِ عُلُومِهِ الوَهْبِيَّةِ، وَالمُطَّلِعِينَ عَلَى بَعْضِ أَسْرَارِهِ الغَيْبِيَّةِ. مُؤَلِّفُ كِتَابِ «الجَامِعِ لِمَا افْتَرَقَ مِنْ دُرَرِ العُلُومِ، الفَائِضَةِ مِنْ بِحَارِ القُطْبِ المَكْتُومِ»، وَكِتَابِ «نُصْرَةِ الشُّرَفَاءِ فِي الرَّدِّ عَلَى أَهْلِ الجَفَاءِ ». تُوُفِّيَ رَضِيَ اللَّهُ عَنْهُ فِي الصَّحْرَاءِ سَنَةَ 1224هـ[1]

---

[1] ـ كشف الحجاب، للعلامة سيدي أحمد سكيرج: (ص: 149).

2- أَبُو إِسْحَاقَ سَيِّدِي إِبْرَاهِيمُ بْنُ عَبْدِ القَادِرِ الرِّيَّاحِي التُّونُسِيُّ رَضِيَ اللَّهُ عَنْهُ، عَلَّامَةُ الزَّمَانِ بِالإِطْلَاقِ، وَفَرِيدُ الأَوَانِ بِلَا شِقَاقٍ، خَاتِمَةُ المُحَقِّقِينَ، وَفَاتِحَةُ أَهْلِ اليَقِينِ، الوَلِيُّ الكَامِلُ، وَالحُجَّةُ الوَاصِلُ، البَرَكَةُ الأَجَلُّ، وَالغِطْرِيفُ الأَفْضَلُ، مِنْ أَفَاضِلِ أَصْحَابِ سَيِّدِنَا رَضِيَ اللَّهُ عَنْهُ الَّذِينَ حَصَلَتْ لَهُمْ العِنَايَةُ الدَّائِمَةُ، وَنَالُوا الخِلَافَةَ بَعْدَهُ فِي الهِدَايَةِ وَالإِرْشَادِ، وَالأَخْذِ بِيَدِ العِبَادِ، أَخْذَ الوَالِدِ الشَّفِيقِ بِيَدِ أَعَزِّ الأَوْلَادِ.

تَخَرَّجَ عَلَى أَيْدِي العُلَمَاءِ الأَعْلَامِ مِنْ أَمْثَالِ المَشَايِخِ صَالِحِ الكَوَّاشِ، وَمُحَمَّدٍ الفَاسِي، وَعُمَرَ المَحْجُوبِ، وَحَسَنٍ الشَّرِيفِ، وَإِسْمَاعِيلَ التَّمِيمِي، وَغَيْرُهُمْ كَثِيرٌ مِمَّنْ لَا يَتَّسِعُ المَجَالُ لِمُجَرَّدِ ذِكْرِهِمْ وَتَعْدَادِهِمْ. وَأَجَازَهُ هَؤُلَاءِ العُلَمَاءُ الأَعْلَامُ فَأَخَذَ مَكَانَهُ عَنْ جَدَارَةٍ وَاسْتِحْقَاقٍ، وَلَمْ يَلْبَثْ أَنْ بَرَزَ وَتَرَقَّى فِي سُلَّمِ المَعَارِفِ وَالمَعَالِي دَرَجَةً بَعْدَ دَرَجَةٍ، حَتَّى تَسَنَّمَ أَعْلَى الرُّتَبِ وَاجْتَمَعَ فِيهِ وَلَهُ مَا تَفَرَّقَ لَدَى غَيْرِهِ، فَإِذَا بِهِ رَحِمَهُ اللَّهُ يَجْمَعُ

بَيْنَ الإِمَامَةِ الكُبْرَى بِجَامِعِ الزَّيْتُونَةِ وَرِئَاسَةِ الفَتْوَى، وَهُوَ مَا لَمْ يَجْتَمِعْ لِأَحَدٍ قَبْلَهُ".

وَيَنْقُلُ لَنَا الشَّيْخُ سَيِّدِي مُحَمَّدٌ الحَافِظُ المِصْرِي رَضِيَ اللَّهُ عَنْهُ فِي رِسَالَتِهِ السَّادِسَةِ: ذَكَرَ مَوْلَانَا زِينَةُ العُلَمَاءِ السَّيِّدُ مُحَمَّدُ الخَضِرُ التُّونُسِي حَفِظَهُ اللَّهُ تَعَالَى أَنَّهُ "كَانَ فِي زَمَنِهِ كَالعِزِّ بْنِ عَبْدِ السَّلَامِ المَعْرُوفِ بِسُلْطَانِ العُلَمَاءِ رَضِيَ اللَّهُ عَنْهُ" إهـ..

قَالَ الزِّرِكْلِي صَاحِبُ الأَعْلَامِ: وُلِدَ فِي تَسْتُورَ وَنَشَأَ وَتُوُفِّيَ بِتُونِسَ، وَوَلِيَ رِئَاسَةَ الفَتْوَى فِيهَا. لَهُ رَسَائِلُ وَخُطَبٌ. وَمِنْ كُتُبِهِ (دِيوَانُ خُطَبٍ مِنْبَرِيَّةٍ) وَ(حَاشِيَةٌ عَلَى الفَاكِهِي) وَ(التُّحْفَةُ الإِلَهِيَّةُ – خ) نَظْمُ الأَجَرُّومِيَّةِ، وَلَهُ نَظْمٌ فِي (دِيوَانٍ) ت 1266هـ[1].

---

1 ـ ترجمته في كشف الحجاب: (ص: 132). وانظر:الأعلام للزركلي (1/ 48)

3- سَيِّدِي مَحْمُودُ التُّونُسِيُّ رَضِيَ اللَّهُ عَنْهُ هُوَ الوَلِيُّ الكَامِلُ، وَالعَارِفُ الوَاصِلُ، ذُو الفَتْحِ الكَبِيرِ، وَالفَضْلِ الشَّهِيرِ، مِنْ خَاصَّةِ الخَاصَّةِ مِنْ أَصْحَابِ سَيِّدِنَا رَضِيَ اللَّهُ عَنْهُ، المُقَرَّبِينَ إِلَيْهِ، وَالمَلْحُوظِينَ بِعَيْنِ العِنَايَةِ لَدَيْهِ، وَهُوَ مِنَ المَشْهُودِ لَهُمْ بِالوِلَايَةِ وَالفَتْحِ الأَكْبَرِ. كَانَ شَدِيدَ المَحَبَّةِ فِي جَنَابِ سَيِّدِنَا رَضِيَ اللَّهُ عَنْهُ، مَعَ شِدَّةِ اعْتِنَائِهِ بِالامْتِثَالِ إِلَى أَمْرِهِ رَضِيَ اللَّهُ عَنْهُ. وَكَانَ مِمَّنْ شَهِدَ لَهُ الشَّيْخُ رَضِيَ اللَّهُ عَنْهُ بِالأَمَانَةِ، وَذَلِكَ فِي قَضِيَّةٍ قَالَ فِيهَا رَضِيَ اللَّهُ عَنْهُ **«كُلُّ مَنْ تَصَرَّفَ لِي فِي شَيْءٍ مِنَ المَالِ ظَهَرَتْ عَلَيْهِ خِيَانَةٌ أَوْ رِيبَةٌ إِلَّا سَيِّدِي مَحْمُودُ»**، وَكَانَ ذَلِكَ مِنَ الشَّيْخِ رَضِيَ اللَّهُ عَنْهُ فِي مَعْرِضِ تَحْذِيرِ المُرِيدِ مِنْ خِيَانَةِ شَيْخِهِ. وَكَانَتْ وَفَاتُهُ فِي اليَوْمِ الخَامِسِ مِنْ ذِي الحِجَّةِ سَنَةَ ثَلَاثِينَ وَمِائَتَيْنِ وَأَلْفٍ 1230هـ، وَدُفِنَ

بِمَقْبَرَةِ بَابِ الفُتُوحِ أَحَدِ أَبْوَابِ فَاسَ، وَقَبْرُهُ مَعْرُوفٌ يُتَبَرَّكُ بِهِ.[1]

4- سَيِّدِي الطَّيِّبُ الحَسَنِي الشَّهِيرُ بِالسُّفْيَانِي رَضِيَ اللَّهُ عَنْهُ العَارِفُ الأَكْبَرُ، وَالوَلِيُّ الأَشْهَرُ، ذُو المَحَاسِنِ وَالأَنْوَارِ، وَالمَعَارِفِ وَالأَسْرَارِ، الفَقِيهُ الجَلِيلُ، الشَّرِيفُ الأَصِيلُ، المُقَدَّمُ، مِنْ خَاصَّةِ الخَاصَّةِ مِنْ أَصْحَابِ سَيِّدِنَا رَضِيَ اللَّهُ عَنْهُ، وَهُوَ مُؤَلِّفُ كِتَابِ **"الإِفَادَةِ الأَحْمَدِيَّةِ"** الَّتِي جَمَعَ فِيهَا بَعْضَ كَلَامِ سَيِّدِنَا رَضِيَ اللَّهُ عَنْهُ، وَرَتَّبَهَا عَلَى مَا تَيَسَّرَ لَهُ جَمْعُهُ مِنْ حُرُوفِ المُعْجَمِ.

لَقَدْ كَانَ رَضِيَ اللَّهُ عَنْهُ ذَا هِمَّةٍ عَالِيَةِ المِقْدَارِ، خَائِضاً لُجَّةَ المَعَارِفِ وَالأَسْرَارِ، عَالِماً جَلِيلاً، فَقِيهاً نَبِيلاً، وَلِيّاً كَامِلاً، لَهُ أَتَمُّ مَعْرِفَةٍ بِعِلْمِ التَّجْوِيدِ. وَمِمَّا حَدَّثَ بِهِ بَعْضُ أَصْحَابِ سَيِّدِنَا أَحْمَدَ التِّجَانِي رَضِيَ اللَّهُ عَنْهُ أَنَّهُ رَأَى صَاحِبَ التَّرْجَمَةِ بَعْدَ

[1] ـ كشف الحجاب : ص:155.

وَفاتِهِ، فَسَأَلَهُ عَمَّا فَعلَ اللَّهُ بِهِ. فَذَكَرَ لَهُ كَرامَةً عَظِيمَةً، وَأَنَّهُ ما فَعَلَ بِهِ إِلَّا الخَيْرَ، وَأَنَّهُ لَمَّا قَدِمَ عَلَى النَّبِيِّ صَلَّى اللَّهُ عَلَيْهِ وَسَلَّمَ، أَسْلَمَ إِلَيْهِ صَلَّى اللَّهُ عَلَيْهِ وَسَلَّمَ بُسْتَاناً عَظِيماً فِي الجَنَّاتِ، لِيُعَلِّمَ فِيهِ القُرْآنَ الكَرِيمَ لِلصِّبْيانِ.

يَرْجِعُ سَبَبُ أَخْذِهِ لِلطَّرِيقَةِ التِّجانِيَةِ ذَاتِ المَعارِفِ الرَّبَّانِيَّةِ، أَنَّهُ لَمَّا ذَهَبَ لِلحَجِّ وَمَرَّ بِمِصْرَ، اجْتَمَعَ هُناكَ بِالمُقَدَّمِ البَرَكَةِ، ذِي الجَنابِ المُحْتَرَمِ، أَبِي عَبْدِ اللَّهِ سَيِّدِي الحاجّ مُحَمَّدٍ بْنِ عَبْدِ الوَاحِدِ بَنَّانِي المِصْرِي، وَدَخَلَ عِنْدَهُ لِمَحَلِّهِ. فَاتَّفَقَ أَنْ وَقَعَ نَظَرُ صَاحِبِ التَّرْجَمَةِ عَلَى كِتابِ جَوَاهِرِ المَعَانِي عِنْدَهُ، فَأَخَذَهُ وَصَارَ يَقْرَأُهُ وَيَسْتَحْسِنُهُ، وَيَتَعَجَّبُ مِمَّا اشْتَمَلَ عَلَيْهِ مِنَ المَعارِفِ وَاللَّطَائِفِ، وَيَتَأَسَّفُ كَثِيراً مِنْ عَدَمِ اجْتِمَاعِهِ بِسَيِّدِنَا أَحْمَدَ التِّجَانِي رَضِيَ اللَّهُ عَنْهُ مَعَ كَوْنِهِ فِي بَلَدِهِ. وَلَمَّا رَجَعَ مِنَ الحَجِّ ذَهَبَ لِيَجْتَمِعَ بِسَيِّدِنَا رَضِيَ اللَّهُ عَنْهُ، فَذَكَرَ لَهُ عِدَّةَ

مَناقِبِ قَوَّتْ يَقِينَهُ فِي طَرِيقِ سَيِّدِنَا رَضِيَ اللَّهُ عَنْهُ، وَأَزالَتْ عَنْهُ الرَّيْبَ وَالشَّكَّ. فَمِنْ ذَلِكَ أَنَّهُ قَالَ لَهُ:

مَا هَذَا التَّوَانِي الَّذِي فِيكَ يَا فُلَانُ، حَتَّى أَنَّكَ لَمْ تُسَارِعْ إِلَى الدُّخُولِ فِي طَرِيقَتِنَا مِنْ أَوَّلِ وَهْلَةٍ، مَعَ أَنِّي مُرَبِّيكَ وَكَفِيلُكَ قَبْلَ أَنْ تَلِدَكَ أُمُّكَ. وَلَقَدْ كَانَتْ أُمُّكَ حَامِلَةً بِكَ فَسَقَطَتْ يَوْماً عَلَى شَيْءٍ كَادَ أَنْ يَثْقُبَ جَنْبَهَا وَيُؤْذِيَكَ فِي جَسَدِكَ، فَتَلَقَّيْتُهَا بِرِفْقٍ وَلِينٍ، فَلَمْ يُؤَثِّرْ ذَلِكَ فِي جِسْمِكَ تَأْثِيراً يُؤَدِّي إِلَى فَسَادِ الخِلْقَةِ وَتَشْوِيهِ الصُّورَةِ، بِإِذْنِ اللَّهِ تَعَالَى وَإِذْنِ رَسُولِ اللَّهِ صَلَّى اللَّهُ عَلَيْهِ وَسَلَّمَ، وَإِنَّمَا أَصَابَكَ بَعْضُ ضَرَرٍ فِي رَأْسِكَ، وَدَلِيلُ ذَلِكَ وُجُودُ أَثَرٍ فِيهِ، وَكَانَ فِي رَأْسِ صَاحِبِ التَّرْجَمَةِ حُفْرَةٌ، وَلَمْ يَدْرِ مَا سَبَبُهَا، وَقَدِ ازْدَادَ بِهَا، ثُمَّ إِنَّهُ سَأَلَ بَعْدَ ذَلِكَ وَالِدَتَهُ عَنْهَا فَأَخْبَرَتْهُ بِأَنَّهُ وُلِدَ بِهَا، وَسَبَبُهَا مَا أَخْبَرَ بِهِ سَيِّدُنَا رَضِيَ اللَّهُ عَنْهُ.

فَحِينَئِذٍ عَلِمَ يَقِيناً أَنَّ مَا أَخْبَرَ بِهِ سَيِّدُنَا رَضِيَ اللَّهُ عَنْهُ مِنْ جُمْلَةِ كَرَامَاتِهِ الَّتِي لَا تُحْصَى، وَأَنَّ الفَتْحَ لَهُ لَا يَكُونُ إِلَّا عَلَى يَدِهِ مِنْ غَيْرِ شَكٍّ وَلَا رَيْبٍ. فَازْدَادَ فِيهِ مَحَبَّةً، وَأَسْلَمَ إِلَيْهِ الإِنْقِيَادَ فِي حَالَتَيْ الحُضُورِ وَالغَيْبَةِ. وَكَانَ سَيِّدُنَا رَضِيَ اللَّهُ عَنْهُ يُحِبُّهُ مَحَبَّةً خَالِصَةً، وَيُثْنِي عَلَيْهِ بَيْنَ العَامَّةِ مِنْ أَصْحَابِهِ وَالخَاصَّةِ، وَشَهِدَ لَهُ بِالشَّرَفِ، وَكَفَاهُ بِهَذَا شَرَفاً. وَقَدْ قَامَ إِلَيْهِ مِرَاراً تَعْظِيماً لَهُ وَاحْتِرَاماً. (ت: 1217 هـ). [1].

5- سَيِّدِي أَبُو العَبَّاسِ أَحْمَدُ بْنُ مُحَمَّدٍ بَنَّانِي، الإِمَامُ العَلَّامَةُ الفَقِيهُ، المُتَضَلِّعُ فِي العِلْمِ، المُتَّصِفُ بِسَلَامَةِ الإِدْرَاكِ وَالفَهْمِ، إِلَيْهِ المَرْجِعُ فِي المَعْقُولِ وَالمَنْقُولِ. كَانَ رَضِيَ اللَّهُ عَنْهُ بِمَكَانَةٍ عِنْدَ سَيِّدِنَا رَضِيَ اللَّهُ عَنْهُ، وَلَهُ عِنْدَهُ المَقَامُ الأَسْمَى. وَمِنْ يَوْمِ أَخَذَ الطَّرِيقَةَ وَسَيِّدُنَا يُقَرِّبُهُ وَيَسْأَلُ عَنْهُ إِذَا لَمْ يَرَهُ حَاضِراً فِي

1 ـ كشف الحجاب: ص: 170.

الإِخْوَانِ، وَكَانَ يُعْجِبُهُ حَدِيثُهُ وَكَلَامُهُ. كَانَ لَا يَسْمَعُ شَيْئاً إِلَّا حَفِظَهُ، ثُمَّ لَا يَنْسَاهُ.[1]

وَهُوَ وَالِدُ العَالِمَيْنِ الجَلِيلَيْنِ: أَبِي عَلِيٍّ الحَسَنِ بَنَّانِي (ت: 1271 ه)، وَأُعْجُوبَةِ الوَقْتِ شَيْخِ الجَمَاعَةِ أَبِي العَبَّاسِ أَحْمَدَ بَنَّانِي المَشْهُورِ بِ "كَلَّا"، لِكَثْرَةِ جَرَيَانِهَا عَلَى لِسَانِهِ (ت: 1306 ه).[2]

6- سَيِّدِي مُحَمَّدُ بْنُ أَحْمَدَ الشَّهِيرُ بِالسَّنُوسِي الحَسَنِي، كَانَ عَلَّامَةً مُشَارِكاً مُدَرِّساً، خَطِيباً بِمَسْجِدِ المَوْلَى إِدْرِيسَ الأَزْهَرِ مُدَّةً، وَلَهُ اليَدُ الطُّولَى فِي فُنُونٍ شَتَّى لَاسِيَّمَا الحَدِيثُ. (ت: 1257 ه).[3]

---

[1] كشف الحجاب: ص/ 188. . . وما يليها.
[2] كشف الحجاب: ص: 194.
[3] كشف الحجاب: ص: 195.

7- سَيِّدِي أَحْمَدُ بْنُ مُحَمَّدِ بْنِ قُوَيْدِرٍ العَبْدَلَّاوِي: وُلِدَ رَضِيَ اللَّهُ عَنْهُ فِي شَهْرِ شَعْبَانَ الأَبْرَكِ عَامَ 1230 هـ قَبْلَ وَفَاةِ الشَّيْخِ سَيِّدِي أَحْمَدَ التِّجَانِي بِشَهْرَيْنِ بِقَرْيَةِ العَلِيَّةِ بِالصَّحْرَاءِ مِنْ عَمَالَةِ تُوكُورْت، قُرْبَ تَمَاسِين، وَحَضَرَ لِسَابِعِ وِلَادَتِهِ جَمْعٌ مِنْ أَفَاضِلِ أَصْحَابِ الشَّيْخِ رَضِيَ اللَّهُ عَنْهُ، مِنْ بَيْنِهِمْ القُطْبُ الخَلِيفَةُ سَيِّدِي الحَاجُّ عَلِيٌّ التَّمَاسِينِي رَحِمَهُ اللَّهُ. حَفِظَ القُرْآنَ الكَرِيمَ فِي صِغَرِهِ بِقَرْيَةِ أَوْلَادِ جَلَّالٍ، مِنْ عَمَالَةِ بَسْكَرَةَ بِالقُطْرِ الجَزَائِرِي، وَكَانَ رَحِمَهُ اللَّهُ مُلَازِماً لِسَيِّدِنَا مُحَمَّدٍ الحَبِيبِ نَجْلِ الشَّيْخِ التِّجَانِي رَضِيَ اللَّهُ عَنْهُ سَفَراً وَحَضَراً، لَا يُفَارِقُهُ إِلَّا قَلِيلاً، وَكَانَ لَدَيْهِ أَخاً وَصَدِيقاً، وَحَبِيباً وَرَفِيقاً، فَهُوَ خِزَانَةُ أَسْرَارِهِ، وَجَلِيسُهُ فِي المُذَاكَرَةِ وَالمُسَامَرَةِ فِي لَيْلِهِ وَنَهَارِهِ، إِلَى أَنْ تُوُفِّيَ سَيِّدُنَا مُحَمَّدُ الحَبِيبُ وَهُوَ عَنْهُ رَاضٍ. وَفِي سَنَةِ 1288هـ ارْتَحَلَ سَيِّدِي أَحْمَدُ العَبْدَلَّاوِي عَنْ قَرْيَةِ عَيْنِ مَاضِي لِيَسْتَقِرَّ

نِهَائِياً بِمَدِينَةِ فَاسٍ، وَفِي حَقِّهِ قَالَ العَلَّامَةُ سُكَيْرِجُ فِي كِتَابِهِ رَفْعِ النِّقَابِ ج 3 ص 203:

وَلَقَدْ لَازَمَ الجُلُوسَ بِدَارِهِ مُدَّةً. وَكَانَ مَعَ كِبَرِ سِنِّهِ الَّذِي نَاهَزَ فِيهِ المِائَةَ سَنَةٍ سَالِمَ الذَّاتِ، مِنْ جَمِيعِ العَاهَاتِ، حَتَّى أَنَّهُ كَانَ يَقْرَأُ الخَطَّ الرَّقِيقَ بِلَا نَظَّارَتَيْنِ، وَيَقُولُ لِي مَا قَالَهُ بَعْضُ العَارِفِينَ جَوَارِحُ حَفِظْنَاهَا فِي الصِّغَرِ، فَحَفِظَهَا الحَقُّ عَلَيْنَا فِي الكِبَرِ. وَدَخَلْتُ عَلَيْهِ مَرَّةً فَقَالَ لِي : إِنَّ مَلَكَ المَوْتِ جَاءَ إِلَيَّ وَهُوَ لَابِسٌ لِلِبَاسٍ أَزْرَقَ، وَأَعْطَانِي سُبْحَةً حَبَّاتُهَا مِنْ جِهَتَيْ الشَّاهِدِ ضَعِيفَةٌ حَتَّى كَأَنَّهَا لَيْسَتْ مِنْ جِنْسِ الحَبَّاتِ الأُخَرِ، فَعَرَفْتُ بِذَلِكَ أَنِّي أُنَاهِزُ المِائَةَ، وَالحَبَّاتُ الضَّعِيفَةُ هِيَ أَوَّلُ العُمُرِ وَآخِرُهُ. وَبَقِيَ بِمَدِينَةِ فَاسٍ إِلَى أَنْ لَقِيَ بِهَا اللهَ تَعَالَى عَامَ 1328هـ[1].

[1]- ترجمه الشيخ سكيرج في قدم الرسوخ (رقم الترجمة) 9، وفي كشف الحجاب (ص 200)، رقم الترجمة 15. وفي رفع النقاب (ج 3 ص 201ـ 203)، وترجمه العلامة الحجوجي في نيل المراد (ج 1 ص 9).

8- سَيِّدُنا بِلَالُ خَدِيمُ الشَّيْخِ رَضِيَ اللَّهُ عَنْهُ: الصَّادِقُ الأَمِينُ، صَاحِبُ السَّعْيِ المَشْكُورِ وَالدِّينِ المَتِينِ. كَانَ يَخْدُمُ الشَّيْخَ بِقَلْبِهِ وَقَالَبِهِ، مُحِبّاً لَهُ، سَاعِياً فِي كُلِّ مَا يَسُرُّهُ. وَقَدْ اتَّخَذَهُ سَيِّدُنَا لِبَعْضِ مُهِمَّاتِهِ وَضَرُورِيَّاتِهِ الخَاصَّةِ، وَكَانَ مَحْبُوباً لِحُسْنِ سِيرَتِهِ وَسَرِيرَتِهِ، مُلَازِماً لِسَيِّدِنَا رَضِيَ اللَّهُ عَنْهُ[1].

9- سَيِّدِي الحَاجُّ عَبْدُ الرَّحْمَنِ بَرَّادَهْ: كَانَ رَضِيَ اللَّهُ عَنْهُ مِنْ خَاصَّةِ أَصْحَابِ سَيِّدِنَا رَضِيَ اللَّهُ عَنْهُ وَأَحَدَ العَشَرَةِ الَّذِينَ ضَمِنَ لَهُمْ النَّبِيُّ صَلَّى اللَّهُ عَلَيْهِ وَسَلَّمَ الفَتْحَ، وَكَانَ شَدِيدَ الأَدَبِ بِحَضْرَةِ سَيِّدِنَا رَضِيَ اللَّهُ عَنْهُ. تُوُفِّيَ رَضِيَ اللَّهُ عَنْهُ سَنَةَ (1234هـ)[2].

10- سَيِّدِي الحَاجُّ أَحْمَدُ بَنِّيسُ، النَّاسِكُ العَابِدُ، الوَرِعُ الزَّاهِدُ، البَرَكَةُ الصَّالِحُ. كَانَ رَضِيَ اللَّهُ عَنْهُ مِنْ خَاصَّةِ أَصْحَابِ سَيِّدِنَا

---

1. كشف الحجاب: (ص: 216)

2. كشف الحجاب: (ص: 224).

رَضِيَ اللَّهُ عَنْهُ الَّذِينَ وَرَدُوا مِنْ حَوْضِهِ، كَثِيرَ المَحَبَّةِ شَدِيدَ التَّعَلُّقِ بِرُؤْيَةِ النَّبِيِّ صَلَّى اللَّهُ عَلَيْهِ وَسَلَّمَ [1].

11- السَّيِّدُ عَبْدُ الوَهَّابِ بَنِّيسُ الضَّرِيرُ، كَانَ رَضِيَ اللَّهُ عَنْهُ مِنْ خَاصَّةِ أَصْحَابِ سَيِّدِنَا رَضِيَ اللَّهُ عَنْهُ، شَدِيدَ الحَزْمِ فِي أُمُورِ الدِّينِ، مُسَارِعاً لِاغْتِنَامِ الخَيْرِ بِجِدٍّ وَاجْتِهَادٍ. وَهُوَ الَّذِي كَانَ فِي تَقْدِيمِهِ أَلَّا يُعْطِي الطَّرِيقَةَ لِمَنْ يَسْتَعْمِلُ القَاذُورَاتِ مِنَ العُشْبَةِ الخَبِيثَةِ [2].

12- السَّيِّدُ الحَاجُّ عَبْدُ الوَهَّابِ بْنُ الأَحْمَرِ رَضِيَ اللَّهُ عَنْهُ، المُقَدَّمُ الَّذِي حَازَ فِي الوِلَايَةِ أَرْفَعَ مَقَامٍ، وَالبَرَكَةُ الَّذِي انْتَفَعَ بِهِ الجَمُّ الغَفِيرُ مِنَ الأَنَامِ، الَّذِي مَا ذَاقَ طَعْمَ المَنَامِ مُنْذُ فَارَقَ الشَّيْخَ رَضِيَ اللَّهُ عَنْهُ إِلَى أَنْ تُوُفِّيَ.

1ـ كشف الحجاب: (ص:228).

2ـ كشف الحجاب: (ص:229).

كَانَ مِنْ خَاصَّةِ أَصْحَابِ سَيِّدِنَا رَضِيَ اللَّهُ عَنْهُ الَّذِينَ لاَزَمُوهُ حَضَراً وَسَفَراً، حَتَّى ظَفِرُوا بِغَايَةِ الأَمَانِي بَيْنَ السَّادَةِ الفُقَرَاءِ. وَهُوَ أَحَدُ العَشَرَةِ الَّذِينَ ضَمِنَ لَهُمْ النَّبِيُّ صَلَّى اللَّهُ عَلَيْهِ وَسَلَّمَ الفَتْحَ الكَبِيرَ، كَمَا أَخْبَرَ بِذَلِكَ سَيِّدُنَا رَضِيَ اللَّهُ عَنْهُ لَمَّا سُئِلَ عَنْهُمْ حَيْثُ ذَهَبُوا لِقَضَاءِ أَمْرٍ مُهِمٍّ أَمَرَهُمْ بِهِ رَضِيَ اللَّهُ عَنْهُ وَفَعَلُوهُ، فَقِيلَ لَهُ رَضِيَ اللَّهُ عَنْهُ: **"هَلْ لَهُمْ فِي ذَلِكَ ثَوَابٌ؟"** فَقَالَ رَضِيَ اللَّهُ عَنْهُ: **"قَدْ ضَمِنَ لَهُمْ النَّبِيُّ صَلَّى اللَّهُ عَلَيْهِ وَسَلَّمَ الفَتْحَ الأَكْبَرَ"**.

وَكَانَ رَحِمَهُ اللَّهُ خِزَانَةً لِأَسْرَارِ سَيِّدِنَا رَضِيَ اللَّهُ عَنْهُ، وَخِزَانَةَ سِرِّ الخَلِيفَةِ المُعَظَّمِ سَيِّدِنَا الحَاجِّ عَلِيٍّ حَرَازِمَ بَرَّادَهْ رَضِيَ اللَّهُ عَنْهُ. وَقَدْ أَمَرَهُ سَيِّدُنَا رَضِيَ اللَّهُ عَنْهُ بِالسَّفَرِ مَعَ الخَلِيفَةِ الأَعْظَمِ حِينَ ذَهَبَ لِلْحِجَازِ. فَذَهَبَ مَعَهُ، وَلَازَمَهُ إِلَى أَنْ تُوُفِّيَ رَضِيَ اللَّهُ عَنْهُ بِبَدْرٍ، مَحَلِّ الفَتْحِ الأَكْبَرِ لِسَيِّدِنَا وَمَوْلَانَا رَسُولِ اللَّهِ صَلَّى

اللَّهُ عَلَيْهِ وَسَلَّمَ، فِي حُدُودِ سَنَةِ 1218هـ. وَدَفَنَهُ صَاحِبُ التَّرْجَمَةِ هُنَاكَ. ثُمَّ رَجَعَ إِلَى فَاسَ، وَهُوَ عَنْهُ رَاضٍ.

وَمِنْ جُمْلَةِ مَا كَانَ يُوصِي بِفِعْلِهِ صَلَاةُ التَّسْبِيحِ وَيَقُولُ: "**وَدِدْتُ لَوْ أَنَّ جَمِيعَ الأَصْحَابِ يُصَلُّونَهَا**"، وَقَدْ انْفَرَدَ رَحِمَهُ اللَّهُ بِمَزَايَا خَصَّصَهُ بِهَا سَيِّدُنَا رَضِيَ اللَّهُ عَنْهُ، وَلَهُ كَرَامَاتٌ عَدِيدَةٌ، مِنْهَا: أَنَّهُ كَانَ كَثِيراً مَا يَرَى النَّبِيَّ صَلَّى اللَّهُ عَلَيْهِ وَسَلَّمَ فِي المَنَامِ.

وَمِنْ كَرَامَاتِهِ الدَّالَّةِ عَلَى تَصْرِيفِهِ التَّامِّ، أَنَّهُ كَانَ مَعَ قَافِلَةٍ يحملون أَمْتِعَةَ سَيِّدِنَا رَضِيَ اللَّهُ عَنْهُ. فَبَيْنَمَا هُمْ فِي الطَّرِيقِ إِذْ خَرَجَ عَلَيْهِمُ اللُّصُوصُ وَنَهَبُوا جَمِيعَ القَافِلَةِ. فَصَارَ صَاحِبُ التَّرْجَمَةِ يَقُولُ لِلُّصُوصِ: "**اتَّقُوا اللَّهَ يَا أُنَاسَ فَإِنَّ القَافِلَةَ لِوَلِيِّ اللَّهِ أَحْمَدَ التِّجَانِي**". فَقَالُوا لَهُ: "**مَا لَنَا وَلِلتِّجَانِي، لَا نَعْرِفُهُ، وَلَا نَرْجِعُ عَنْ فِعْلِنَا البَتَّةَ إِلَّا إِذَا تَرَكْتُكُمْ أَرْوَاحُكُمْ أَوْ تَرَكْنَا أَرْوَاحَنَا**". فَبَيْنَمَا هُمْ كَذَلِكَ بَعْدَ أَنْ أَلْقَوْا لَهُمُ السِّلَاحَ وَصَارُوا

يَنْهَبُونَ الأَمْتِعَةَ، إِذْ أَحسَّ اللُّصُوصُ بِثِقَلِ أَعْضَائِهِمْ، وَضَيْقِ أَرْوَاحِهِمْ فِي أَشْبَاحِهِمْ، وَخُدِّرَتْ جوَارِحُهُمْ حتَّى أَنَّهُمْ لَا يَقْدِرُونَ عَلَى المَشْيِ وَكَأَنَّ الأَرْضَ تَبْتَلِعُهُمْ. فَصَارَ اللُّصُوصُ يَصِيحُونَ، وَيُنَادُونَ: **"يَا أَيُّهَا النَّاسُ أَقْبِلُوا عَلَيْنَا، وَخُذُوا أَمْتِعَتَكُمْ، وَخَلِّصُونَا مِنْ هَذِهِ الوَرْطَةِ الَّتِي وَقَعْنَا فِيهَا"**. فَقَالَ لَهُمْ صَاحِبُ التَّرْجَمَةِ بَعْدَ أَنْ أَشْرَفُوا عَلَى الهَلَاكِ:**" قَدْ قُلْنَا لَكُمْ إِنَّ الأَمْتِعَةَ لِسَيِّدِي أَحْمَدَ التِّجَانِي، وَالآنَ تُوبُوا إِلَى اللَّهِ مِنْ هَذَا الأَمْرِ الَّذِي أَنْتُمْ عَلَيْهِ، وَإِلَّا حَصَلَ لَكُمُ الهَلَاكُ"**.

فَتَابُوا إِلَى اللَّهِ مِنْ ذَلِكَ الوَقْتِ، وَرَدُّوا لَهُمْ جَمِيعَ مَا أَخَذُوهُ، وَرَافَقُوا القَافِلَةَ حَتَّى بَلَغُوا إِلَى سَيِّدِنَا رَضِيَ اللَّهُ عَنْهُ، وَتَبَرَّكُوا بِهِ، وَأَخَذُوا الطَّرِيقَةَ المُحَمَّدِيَّةَ، وَرَجَعُوا إِلَى بِلَادِهِمْ تَائِبِينَ مُتَمَسِّكِينَ بِحَبْلِ الرَّشَادِ بَعْدَ أَنْ كَانُوا فِي قَبِيلَتِهِمْ مَرْكَزاً لِلْفَسَادِ،

وَمَا ذَلِكَ إِلَّا بِبَرَكَةِ صَاحِبِ التَّرْجَمَةِ وَهِمَّةِ سَيِّدِنَا رَضِيَ اللَّهُ عَنْهُ[1].

13- سَيِّدِي أَبُو عَبْدِ اللَّهِ مُوسَى بْنُ مَعْزُوزٍ البَرَكَةُ الفَاضِلُ، أَحَدُ أَرْكَانِ هَذِهِ الطَّرِيقَةِ المُحَمَّدِيَّةِ الَّذِينَ كَانَ لَهُمْ قَدَمُ الصِّدْقِ الرَّاسِخِ، وَكَانَ مُشَمِّراً عَنْ سَاقِ الجِدِّ، ذَا فَتْحٍ صَحِيحٍ، وَكَشْفٍ صَرِيحٍ، وَهُوَ أَحَدُ العَشَرَةِ الَّذِينَ ضَمِنَ لَهُمْ النَّبِيُّ صَلَّى اللَّهُ عَلَيْهِ وَسَلَّمَ الفَتْحَ الكَبِيرَ، وَكَانَ مِنْ جُمْلَةِ المُقَدَّمِينَ فِي هَذِهِ الطَّرِيقَةِ المُخْتَصِّينَ بِتَلْقِينِ الأَذْكَارِ الخُصُوصِيَّةِ، وَكَانَ ذَا حَزْمٍ فِي الطَّرِيقَةِ وَيَقُولُ جَنِّبُوا صَفَّ الذِّكْرِ وَالوَظِيفَةِ الأَحْدَاثَ، وَكَانَ يُخْرِجُ مِنْ صَفِّ الوَظِيفَةِ مَنْ عَلِمَ أَنَّهُ حَامِلٌ لِلتَّابِغَةِ[2].

14- سَيِّدِي أَبُو مُحَمَّدٍ عَبْدُ السَّلَامِ بُوطَالِب، كَانَ مِنْ خَاصَّةِ أَصْحَابِ سَيِّدِنَا رَضِيَ اللَّهُ عَنْهُ الأَقْدَمِينَ الَّذِينَ ظَهَرَ عَلَيْهِمْ

1ـ كشف الحجاب: (ص: 231).

2ـ كشف الحجاب:(ص: 261).

الفَتْحُ المُبِينُ، وَقَدْ تُوُفِّيَ رَضِيَ اللَّهُ عَنْهُ فِي حَيَاةِ سَيِّدِنَا رَضِيَ اللَّهُ عَنْهُ فِي عُنْفُوَانِ شَبَابِهِ[1].

15- سَيِّدِي أَبُو عَلِيٍّ الحَاجُّ عَلِيُّ آمِلَّاسْ، الصَّالِحُ العَارِفُ، القُدْوَةُ مُحِبُّ سَيِّدِنَا وَحَبِيبُهُ، وَأَنِيسُهُ، كَانَ مِنْ خَاصَّةِ الخَاصَّةِ عِنْدَ سَيِّدِنَا المَلْحُوظِينَ بِعَيْنِ المَوَدَّةِ التَّامَّةِ فِي حَضْرَتِهِ السَّعِيدَةِ. وَكَانَ صَاحِبَ السِّرِّ الخُصُوصِيِّ عِنْدَ سَيِّدِنَا، وَكَانَ سَيِّدُنَا يُسَلِّمُ عَلَيْهِ بِالخُصُوصِ إِذَا كَتَبَ إِلَى فُقَرَاءِ فَاسٍ كَمَا يَخُصُّ فِي غَالِبِ مُكَاتَبَاتِهِ رَضِيَ اللَّهُ عَنْهُ أَوْلَادَهُ بِالسَّلَامِ عَلَيْهِمْ وَالدُّعَاءِ لَهُمْ[2].

16- سَيِّدِي أَبُو عَبْدِ اللَّهِ مُحَمَّدُ بْنُ أَحْمَدَ الجبَارِي، قَاضِي القَصْرِ السَّعِيدِ، العَلَّامَةُ الدَّرَّاكَةُ الفَهَّامَةُ، مِفْتَاحُ مُغْلَقِ النَّوَازِلِ، وَكَشَّافُ غَوَامِضِ المَشَاكِلِ، لِسَانُ العَدْلِ فِي الحُكْمِ، كَانَ مِنْ

1- كشف الحجاب: (ص: 268).

2- كشف الحجاب: (ص:270).

خَاصَّةِ الْخَاصَّةِ مِنْ أَصْحَابِ سَيِّدِنَا رَضِيَ اللَّهُ عَنْهُ وَهُوَ أَحَدُ الْعَشَرَةِ الْمَضْمُونِ لَهُمُ الْفَتْحُ الْأَكْبَرُ[1].

17- سَيِّدِي أَبُو عَبْدِ اللَّهِ مُحَمَّدُ بْنُ عَبْدِ اللَّهِ الْجِيلَانِي، الْفَقِيهُ الْعَلَّامَةُ، الدَّرَّاكَةُ الْفَهَّامَةُ، غَوَّاصُ الْبُحُورِ الْعِرْفَانِيَّةِ، وَجَامِعُ شَتَاتِ الْفَضَائِلِ الْإِمْتِنَانِيَّةِ، كَانَ مِنْ خَاصَّةِ أَصْحَابِ سَيِّدِنَا رَضِيَ اللَّهُ عَنْهُ الَّذِينَ لَهُمُ الْمَعْرِفَةُ التَّامَّةُ بِهِ، وَلَازَمُوهُ بِصِدْقِ الْمَوَدَّةِ وَصَفَاءِ الْفُؤَادِ، وَحَضَرَ مَعَهُ فِي بَعْضِ الْمَجَالِسِ الْعِلْمِيَّةِ لِلْأَخْذِ عَنْ بَعْضِ خَوَاصِّ شُيُوخِ سَيِّدِنَا رَضِيَ اللَّهُ عَنْهُ فِي الْعُلُومِ الْخُصُوصِيَّةِ. وَقَدْ تَلَقَّى عَنْ سَيِّدِنَا رَضِيَ اللَّهُ عَنْهُ مِنَ الْأَسْرَارِ مَا يُبْهِرُ الْعُقُولَ الرَّاجِحَةَ. وَقَدْ رَاسَلَهُ الشَّيْخُ وَرَاسَلَ هُوَ الشَّيْخَ بِخُلَاصَةِ رَدٍّ أَفْحَمَ فِيهِ بَعْضَ الْمُعْتَرِضِينَ عَلَى الشَّيْخِ رَضِيَ اللَّهُ عَنْهُ[2].

1- كشف الحجاب: (ص: 273).

2- كشف الحجاب: (ص: 292).

18- سَيّدِي أَبُو عَبْدِ اللَّهِ مُحَمَّدُ بْنُ أَحْمَدَ أَكَنْسُوسُ، وُلِدَ سَنَةَ 1211هـ، وَهُوَ وَزِيرٌ وَمُؤَرِّخٌ وَفَقِيهٌ وَمُحَدِّثٌ وَشَاعِرٌ، وَلَهُ عِدَّةُ تَآلِيفَ مِنْهَا كِتَابُهُ:" الجَيْشُ العَرَمْرَمُ"وَ"الجَوَابُ المُسْكِتُ"، تُوُفِّيَ 28 مُحَرَّمٍ عَامَ 1294هـ المُوَافِقِ لِـ 11 /1877/02، وَخَصَّهُ العَلَّامَةُ الحَجُوجِي بِتَأْلِيفٍ سَمَّاهُ:"بَهْجَةُ النُّفُوسِ بِذِكْرِ بَعْضِ مَنَاقِبِ سَيّدِي مُحَمَّدٍ أَكَنْسُوسِ"، كَمَا خَصَّهُ الأُسْتَاذُ مُحَمَّدُ الرَّاضِي كَنُّونُ بِتَأْلِيفٍ سَمَّاهُ: " رَسَائِلُ مَعْلَمَةِ مَعَالِمِ سُوسِ الفَقِيهِ أَبِي عَبْدِ اللَّهِ سَيّدِي مُحَمَّدٍ أَكَنْسُوسِ"[1].

19- الشَّيْخُ مُحَمَّدُ الحَافِظُ بْنُ المُخْتَارِ بْنِ الحَبِيبِ العَلَوِي الشّنْقِيطِي (ت 1247هـ/ 1832م)، أَحَدُ خَاصَّةِ الخَاصَّةِ مِنْ أَصْحَابِ سَيّدِنَا رَضِيَ اللَّهُ عَنْهُ المَفْتُوحِ عَلَيْهِمْ بِالوِلَايَةِ الكُبْرَى، ذَكَرَهُ صَاحِبُ المُنْيَةِ بِقَوْلِهِ:

---

1 ـ وله ترجمة مطولة في كشف الحجاب: (ص: 328). والأعلام للزركلي (6/ 19).

وَالعَلَوِيّ الوَارِثِ الرَّبَّانِي * سَيِّدِنَا الحَافِظِ ذِي العِرْفَانِ

وَتَرْجَمَهُ السَّيِّدُ العَرَبِيُّ بْنُ السَّائِحِ فِي البُغْيَةِ عِنْدَ هَذَا البَيْتِ، وَهُوَ الَّذِي انْتَشَرَتْ عَلَى يَدِهِ الطَّرِيقَةُ الأَحْمَدِيَّةُ بِالمَغْرِبِ الأَقْصَى (أَرْضِ شِنْقِيطَ)، وَقَدْ حَصَّلَ مَا فِي وَطَنِهِ مِنَ العُلُومِ الشَّرْعِيَّةِ، ثُمَّ عَزَمَ عَلَى الحَجِّ مُتَمَنِّياً أَنْ يَلْتَقِيَ بِشَيْخٍ كَامِلٍ. فَبَيْنَمَا هُوَ فِي الطَّوَافِ لَقِيَهُ رَجُلٌ فَأَسَرَّ إِلَيْهِ أَنَّ شَيْخَكَ هُوَ فُلَانٌ.

ثُمَّ مَرَّ بِفَاسٍ يَسْأَلُ عَنْهُ حَتَّى لَقِيَهُ، وَأَقَامَ فِي زَاوِيَةِ الشَّيْخِ رَضِيَ اللَّهُ عَنْهُ يُرَبِّيهِ، حَتَّى إِذَا أَزْمَعَ عَلَى السَّفَرِ أَجَازَ لَهُ الشَّيْخُ رَضِيَ اللَّهُ عَنْهُ الإِجَازَةَ المُطْلَقَةَ، وَلَمْ يُقَيِّدْ لَهُ إِلَّا فِي التَّقْدِيمِ فَلَا يَزِيدُ فِيهِ عَلَى العَشَرَةِ، وَأَوْصَاهُ الشَّيْخُ بِقَوْلِهِ: "لَا تَظْهَرْ بِنَفْسِكَ حَتَّى يَكُونَ اللَّهُ تَعَالَى هُوَ الَّذِي يُظْهِرُكَ"، وَرَجَعَ إِلَى بِلَادِهِ وَنَفَّذَ وَصِيَّةَ الشَّيْخِ رَضِيَ اللَّهُ عَنْهُ، حَتَّى جَاءَهُ رَجُلٌ مَعْرُوفٌ

بِالصَّلَاحِ ذَاتَ يَوْمٍ بَعْدَ صَلَاةِ العَصْرِ، وَطَلَبَ مِنْهُ أَنْ يُعْطِيهِ الأَمَانَةَ الَّتِي جَاءَ بِهَا مِنَ الشَّمَالِ، وِرْدَ الشَّيْخِ أَحْمَدَ التِّجَانِي رَضِيَ اللَّهُ عَنْهُ، ثُمَّ أَخَذَهُ جَمِيعُ مَنْ فِي المَجْلِسِ، ثُمَّ انْتَشَرَتْ الطَّرِيقَةُ فِي تِلْكَ البَلْدَةِ. وَمِنَ الغَدِ أَتَاهُ النَّاسُ أَفْوَاجاً لِلْأَخْذِ عَنْهُ، فَانْتَشَرَتِ الطَّرِيقَةُ فِي تِلْكَ البِقَاعِ وَمَا وَرَاءَهَا انْتِشَاراً إِلَى يَوْمِنَا هَذَا [1].

20- سَيِّدِي أَبُو زَيْدٍ عَبْدُ الرَّحْمَنِ بْنُ أَحْمَدَ الشِّنْقِيطِي الصِّدِّيقِي نَسَباً، العَلَّامَةُ المُحَقِّقُ، شَيْخُ مَشَايِخِ العُلُومِ النَّقْلِيَّاتِ وَالعَقْلِيَّاتِ الإِمَامُ فِي سَائِرِ الفُنُونِ، المُتَوَفَّى بِفَاسٍ سَنَةَ (1224هـ) كَانَ مِنْ أَفَاضِلِ الخَاصَّةِ مِنْ أَصْحَابِ شَيْخِنَا رَضِيَ اللَّهُ عَنْهُ، وَلَهُ فِي مَدْحِ شَيْخِنَا رَضِيَ اللَّهُ عَنْهُ قَصِيدَةٌ نَسَبَهَا صَاحِبُ الجَوَاهِرِ لِبَعْضِ الأُدَبَاءِ نَصُّهَا:

1. ترجمته طويلة في كشف الحجاب: 355).

تِجَـانُنَا بَيْتُهُ بِالذِّكْرِ مَعْمُـورُ * وَبِالـصَّـلَاةِ وَبِالخَيْـرَاتِ مَغْمُـورُ
مُـوَقَّـتٌ فِيهِ ذِكْرُ اللَّهِ مَا طَلَعَتْ * شَمْسٌ وَمَا غَرَبَتْ هَذَاكَ مَشْهُـورُ
أَحْيَا طَرِيقَـةَ أَهْلِ اللَّهِ فَهْيَ بِـهِ * مُـؤَلَّـفٌ جَمْعُهَا وَالكَسْرُ مَجْبُورُ
شَيْخُ المشَايِخِ مَنْ فِي طَرَفِ بُرْدَتِهِ * جَيْبٌ عَلَى النُّورِ وَالأَسْرَارِ مَزْرُورُ
مَنْ دَارُهُ جَنَّةُ الفِرْدَوْسِ وَهْوَ بِـهَا * رِضْـوَانُ خَـازِنُهَا أَزْهَـارُهَا الحُـورُ
يَفِيضُ مِنْ سَلْسَبِيلِ الذِّكْرِ كَوْثَرُهَا * فَاشْرَبْ مُفَجَّرَهَا هَا أَنْتَ مَأْجُورُ
أَوْرَادُهُ عَـنْ رَسُولِ اللَّهِ قَدْ رُوِيَتْ * كَـذَاكَ أَفْـعَـالُـهُ وَالسِّـرُّ مَـأْثُـورُ
فَـانْقُـلْ فَـدَيْتُـكَ فِـي آثَـارِهِ قَدَماً * فَإِنْ نَقَلْتَ فَذَاكَ النَّقْلُ مَذْخُـورُ
وَاحْـرِصْ بِـأَنْ تَنْـتَمِي يَوْماً لِجَانِبِهِ * فَـحَـظُّ مَـنْ يَـنْـتَمِي إِلَيْهِ مَوْفُـورُ
وَلَازِمْ أَوْرَادَهُ فِي النَّفْـسِ أَوْ مَـلَإٍ * فَـذَاكِـرُ اللَّـهِ عِنْدَ اللَّهِ مَـذْكُـورُ

وَقَدْ ذَكَرَهُ صَاحِبُ البُغْيَةِ فِي أَوَّلِهَا وَنَسَبَ إِلَيْهِ هَذِهِ القَصِيدَةَ [1].

21- مَوْلَايَ أَحْمَدُ بْنُ عَبْدِ السَّلَامِ الفِلَالِي الوَدْغِيرِي: البَرَكَةُ الجَلِيلُ القَدْرِ، ذُو الكَرَامَاتِ العَدِيدَةِ، وَالأَخْلَاقِ الحَمِيدَةِ، مِنْ خَاصَّةِ الخَاصَّةِ مِنْ أَصْحَابِ شَيْخِنَا رَضِيَ اللَّهُ عَنْهُ الَّذِينَ

1ـ كشف الحجاب:(ص:366). وكذلك بغية المستفيد: (ص: 6، و ص: 312).

يَقُومُونَ مَقَامَهُ فِي جَوَابِ الرَّسَائِلِ، وَإِنْشَاءَاتِهَا فِي المَحَافِلِ، وَكَانَ مَحْبُوباً مَحَبَّةً خَاصَّةً يَغْبِطُهُ بِهَا العَامَّةُ وَالخَاصَّةُ[1].

22- السَّيِّدُ أَبُو الحَسَنِ عَلِيُّ بْنُ الشّتِيوِي، العَارِفُ الكَبِيرُ المَجْذُوبُ، الوَلِيُّ الشَّهِيرُ، السَّالِكُ الذَّاكِرُ، الشَّرِيفُ الأَصْلِ، كَانَ رَضِيَ اللَّهُ عَنْهُ مَشْهُوراً بِالوِلَايَةِ، مَشْهُوداً لَهُ بِالمَعْرِفَةِ الكُبْرَى المَلْحُوظَةِ بِعَيْنِ العِنَايَةِ، سَبَبُ أَخْذِهِ لِلطَّرِيقَةِ أَنَّهُ رَأَى يَوْماً الشَّيْخَ عَبْدَ القَادِرِ الجِيّلَانِي وَكَانَ عَلَى طَرِيقَتِهِ فَقَالَ لَهُ: يَا سَيِّدِي سَمِعْنَا شَيْخاً ظَهَرَ بِأَبِي سَمْغُونَ فَمَاذَا تَقُولُ فِيهِ؟ فَقَالَ لَهُ: يَا وَلَدِي تِلْكَ الشَّجَرَةُ الَّتِي نَسْتَظِلُّ تَحْتَهَا[2].

23- السَّيِّدُ أَبُو عَبْدِ اللَّهِ زَعْنُونُ: المُقَدَّمُ الأَجَلُّ، القُدْوَةُ الأَفْضَلُ، المَلْحُوظُ بِعَيْنِ العِنَايَةِ، مِنْ عَمَالَةِ الجَزَائِرِ. أَخَذَ الطَّرِيقَةَ عَنْ شَيْخِنَا رَضِيَ اللَّهُ عَنْهُ وَقَدَّمَهُ. وَكَانَ رَحِمَهُ اللَّهُ رَجُلاً

---

1. كشف الحجاب: (ص: 369).

2. كشف الحجاب: (ص: 464).

ذَا قُوَّةٍ، مَوْصُوفاً بِالشَّجَاعَةِ الهَاشِمِيَّةِ. وَاتَّفَقَ لَهُ يَوْماً مَعَ سَيِّدِنَا رَضِيَ اللَّهُ عَنْهُ حِينَ كَانَ رَضِيَ اللَّهُ عَنْهُ بِالأَغْوَاطِ، وَكَانَ الغَالِبُ عَلَى سَيِّدِنَا إِذَا أَتَى لِلْأَغْوَاطِ أَنْ يَنْزِلَ خَارِجَهَا. فَبَيْنَمَا هُوَ خَارِجٌ يَوْماً وَمَعَهُ جَمَاعَةٌ مِنْ أَصْحَابِهِ مِنْهُمْ صَاحِبُ التَّرْجَمَةِ، إِذْ وَصَلَ إِلَى السَّاقِيَةِ المَعْرُوفَةِ هُنَاكَ بِالبَذْلَةِ. فَوَقَفَتِ البَغْلَةُ الَّتِي يَرْكَبُ عَلَيْهَا سَيِّدُنَا رَضِيَ اللَّهُ عَنْهُ، وَحَرَنَتْ، وَلَمْ تَسْتَطِعِ المُرُورَ. صَارَتْ تُقَدِّمُ رِجْلاً وَتُؤَخِّرُ أُخْرَى، حَتَّى كَادَتْ أَنْ تَسْقُطَ عَلَى وَجْهِهَا. فَأَتَى زَعْنُونُ إِلَى سَيِّدِنَا رَضِيَ اللَّهُ عَنْهُ، وَرَفَعَهُ عَنْ سَرْجِ بَغْلَتِهِ، وَقَطَعَ بِهِ السَّاقِيَةَ بِقَفْزَةٍ. فَصَارَ سَيِّدُنَا يَبْتَسِمُ وَدَعَا لَهُ بِمَا عَادَ عَلَيْهِ نَفْعُهُ دُنْيَا وَأُخْرَى.

وَيُرْوَى أَنَّ زَعْنُونَ كَانَ قَبْلَ أَخْذِهِ الطَّرِيقَةَ عَنْ سَيِّدِنَا رَضِيَ اللَّهُ عَنْهُ مِنْ قُطَّاعِ الطَّرِيقِ الَّذِينَ تَشَكَّتْ مِنْهُمُ البَرِيَّةُ، وَلَمْ يَقْدِرْ أَحَدٌ عَلَى مُدَافَعَتِهِ إِذَا بَرَزَ إِلَيْهِ، وَلَمْ يُعْرَفْ بِفِعْلِ خَيْرٍ قَطُّ. فَاتَّفَقَ أَنْ مَاتَ مُقَدَّمٌ مِنْ مُقَدَّمِي بَعْضِ زَوَايَا سَيِّدِنَا رَضِيَ اللَّهُ

عَنْهُ، فَاجْتَمَعَ الفُقَرَاءُ وَأَخْبَرُوا سَيِّدَنَا رَضِيَ اللَّهُ عَنْهُ بِوَفَاةِ مُقَدَّمِهِمْ وَأَنَّهُمْ يُرِيدُونَ مِنْهُ أَنْ يُقَدِّمَ عَلَيْهِمْ مُقَدَّماً. فَقَالَ لَهُمْ الشَّيْخُ رَضِيَ اللَّهُ عَنْهُ : إني قَدَّمْتُ عَلَيْكُمْ زَعْنُونَ.

فَخَرَجُوا مُتَعَجِّبِينَ مِنْ ذَلِكَ، وَقَصَدُوا المَوْضِعَ الَّذِي يَقْطَعُ فِيهِ الطَّرِيقَ وَيَتَرَصَّدُ المُسَافِرِينَ، حَتَّى وَصَلُوا إِلَيْهِ، وَوَجَدُوهُ مَعَ بَعْضِ البُغَاةِ أَمْثَالِهِ. فَقَالُوا لَهُ: إِنَّ شَيْخَنَا سَيِّدِي أَحْمَدَ التِّجَانِي قَدْ جَعَلَكَ مُقَدَّماً عَلَى زَاوِيَتِنَا. فَبِمُجَرَّدِ مَا سَمِعَ مِنْهُمْ ذَلِكَ أَخَذَهُ حَالٌ عَظِيمٌ، وَصَارَ يَبْكِي، وَفُتِحَ عَلَيْهِ فِي الحِينِ مَعَ أَنَّهُ لَمْ يُقَدِّمْ خَيْراً قَبْلَ ذَلِكَ. وَمَا ذَلِكَ إِلَّا بِهِمَّةِ شَيْخِنَا رَضِيَ اللَّهُ عَنْهُ النَّافِذَةِ [1].

24- سَيِّدِي أَبُو العَبَّاسِ أَحْمَدُ بْنُ إِسْمَاعِيلَ الأَغْوَاطِي، الأُسْتَاذُ العَلَّامَةُ النَّقَّادُ، ذُو البَصِيرَةِ المُنَوَّرَةِ، وَالنَّفْسِ المُطَهَّرَةِ، كَانَ مِنْ أَصْحَابِ سَيِّدِنَا رَضِيَ اللَّهُ عَنْهُ الَّذِينَ فَازُوا بِالعَطْفَةِ الرَّبَّانِيَّةِ،

1ـ كشف الحجاب:(ص: 464).

وَالنَّظْرَةِ الإِحْسَانِيَّةِ، وَقَدْ كَانَ سَيِّدُنَا رَضِيَ اللَّهُ عَنْهُ يُحِبُّهُ وَيُثْنِي عَلَيْهِ، وَكَانَ رَحِمَهُ اللَّهُ آيَةً مِنْ آيَاتِ اللَّهِ فِي التَّجْوِيدِ[1].

25- السَّيِّدُ عُمَرُ الشَّرَايْبِي، الوَلِيُّ الصَّالِحُ، ذُو السَّعْيِ الرَّابِحِ، البَرَكَةُ العُظْمَى، المَشْهُودُ لَهُ بِالفَتْحِ المُبِينِ، وَالقَدَمِ المَكِينِ، فِي هَذِهِ الطَّرِيقَةِ، كَثِيرَ الأَذْكَارِ. وَكَانَ حَسَنَ الصَّوْتِ فِي السَّمَاعِ، يَقُومُ وَسَطَ حَضْرَةِ الذِّكْرِ بِحَضْرَةِ سَيِّدِنَا رَضِيَ اللَّهُ عَنْهُ يُنْشِدُ بِصَوْتٍ كَأَنَّهُ مِنْ مَزَامِيرِ آلِ دَاوُدَ عَلَيْهِ السَّلَامُ. وَلَهُ فِي مَدْحِ سَيِّدِنَا رَضِيَ اللَّهُ عَنْهُ قَصَائِدُ عَدِيدَةٌ بِالوَزْنِ المَعْرُوفِ بِالمَلْحُونِ.

وَلَهُ كَرَامَةٌ مَرْوِيَّةٌ بِسَنَدٍ جَلِيلٍ رَوَاهَا القَاضِي سُكَيْرِجُ فِي كَشْفِ الحِجَابِ سَمَاعاً مِنَ الفَقِيهِ عَبْدِ السَّلَامِ بَنَّانِي، يَرْوِيهَا عَنْ عَمِّهِ

1ـ كشف الحجاب: (ص:473).

العَلَّامَةِ أَحْمَدَ بَنَّانِي كَلَّا، فِي كَشْفِ انْحِبَاسِ المَطَرِ بِسَبَبِهِ رَحِمَهُ اللَّهُ[1].

26- مَوْلَايَ السُّلْطَانُ أَبُو الرَّبِيعِ سُلَيْمَانُ قَدَّسَ اللَّهُ رُوحَهُ فِي الجِنَانِ. الهُمَامُ، حَامِلُ أَلْوِيَةِ الإِسْلَامِ، كَانَ رَحِمَهُ اللَّهُ إِمَاماً عَادِلاً، وَعَالِماً عَامِلاً. وَقَدْ أَخَذَ الطَّرِيقَةَ عَنْ سَيِّدِنَا رَضِيَ اللَّهُ عَنْهُ بِإِذْنٍ مِنَ النَّبِيِّ صَلَّى اللَّهُ عَلَيْهِ وَسَلَّمَ، وَشَهِدَ لَهُ بِأَنَّهُ مِنْ أَوْلَادِهِ الحَقِيقِيِّينَ. وَقَدْ شَهِدَ مِنْ كَرَامَاتِ سَيِّدِنَا رَضِيَ اللَّهُ عَنْهُ مَا ثَبَّتَ اللَّهُ بِهِ اعْتِقَادَهُ فِيهِ، بِحَيْثُ لَمْ يُؤَثِّرْ فِيهِ قَوْلُ المُعَانِدِينَ المُنْكِرِينَ عَلَى سَيِّدِنَا رَضِيَ اللَّهُ عَنْهُ عَلَى كَثْرَتِهِمْ فِي ذَلِكَ الوَقْتِ.

وَكَانَ كَثِيراً مَا يَطْلُبُ مِنَ الشَّيْخِ رَضِيَ اللَّهُ عَنْهُ أَنْ يُرِيَهُ النَّبِيَّ صَلَّى اللَّهُ عَلَيْهِ وَسَلَّمَ فِي اليَقَظَةِ، وَسَيِّدُنَا رَضِيَ اللَّهُ عَنْهُ يَقُولُ لَهُ «أَخَافُ عَلَيْكَ أَنْ لَا تَقْدِرَ عَلَى ذَلِكَ»، وَهُوَ حَرِيصٌ عَلَى

1ـ كشف الحجاب: (ص:490).

ذَلِكَ. فَلَمَّا اشْتَدَّ طَلَبُهُ لِذَلِكَ مِنْ سَيِّدِنَا رَضِيَ اللَّهُ عَنْهُ، وَلَمْ تُفِدْ فِي رَدِّهِ عَنْ هَذَا المَطْلَبِ حِيلَةٌ، أَجَابَهُ سَيِّدُنَا رَضِيَ اللَّهُ عَنْهُ لِبُغْيَتِهِ، وَأَوْصَاهُ أَنْ يَكْتُمَ سِرَّهُ عَنْ كُلِّ أَحَدٍ، وَلْيَجْعَلْ مَحَلّاً طَاهِراً طَيِّباً فَارِغاً عَنْ جَمِيعِ الأُمُورِ مِنْ فَرْشٍ وَغَيْرِهِ، يُعِدُّهُ مَخْصُوصاً لِذَلِكَ، وَأَنْ يَكُونَ وَحْدَهُ فِي ذَلِكَ المَوْضِعِ. فَأَعَدَّ ذَلِكَ كُلَّهُ، وَلَمَّا أَرَادَ الدُّخُولَ إِلَى ذَلِكَ المَحَلِّ، حَصَلَتْ لَهُ هَيْبَةٌ عَظِيمَةٌ، وَلَمْ يَقْدِرْ عَلَى الجُلُوسِ بِهِ وَحْدَهُ لِذِكْرِ مَا لَقَّنَهُ مِنَ الأَذْكَارِ الخُصُوصِيَّةِ.

فَطَلَبَ مِنْ سَيِّدِنَا رَضِيَ اللَّهُ عَنْهُ الحُضُورَ مَعَهُ، فَأَجَابَهُ لِمَرْغُوبِهِ، وَحَضَرَ مَعَهُ فِي ذَلِكَ المَحَلِّ، وَبَيْنَمَا هُمَا يَذْكُرَانِ إِذْ أَشْرَقَ المَحَلُّ الَّذِي هُمَا فِيهِ، وَامْتَلَأَ بِالأَنْوَارِ المُحَمَّدِيَّةِ. فَحَصَلَ الدَّهَشُ لِصَاحِبِ التَّرْجَمَةِ لَمَّا رَأَى ذَلِكَ، وَغَابَ عَنْ نَفْسِهِ. وَبَعْدَ سَاعَةٍ أَفَاقَ مِنْ غَيْبَتِهِ، فَوَجَدَ يَدَ سَيِّدِنَا رَضِيَ اللَّهُ عَنْهُ عَلَى صَدْرِهِ. فَلَمَّا فَتَحَ عَيْنَيْهِ، قَالَ لَهُ سَيِّدُنَا رَضِيَ اللَّهُ عَنْهُ «لَا

بَأْسَ عَلَيْكَ، وَأَنَّهُ صَلَّى اللَّهُ عَلَيْهِ وَسَلَّمَ ضَمِنَ لَكَ كَذَا وَكَذَا».
فَقَالَ لَهُ صَاحِبُ التَّرْجَمَةِ: جَزَاكَ اللَّهُ عَنَّا خَيْرَ الجَزَاءِ. وَلَقَدْ قُلْتَ لِي لَا أَقْدِرُ عَلَى ذَلِكَ، وَأَنَا أَتَّهِمُ نَفْسِي حَتَّى رَأَيْتُ ذَلِكَ بِالعِيَانِ .

وَقَدْ ذَكَرَ فِي البُغْيَةِ: أَنَّهُ لَمَّا اجْتَمَعَ بِهِ، رَحَّبَ بِهِ وَسَهَّلَ، وَنَوَّهَ بِقَدْرِهِ، وَأَنْفَذَ لَهُ الدَّارَ المَعْرُوفَةَ بِالحَضْرَةِ الفَاسِيَةِ بِدَارِ المَرَايَةِ. فَامْتَنَعَ سَيِّدُنَا رَضِيَ اللَّهُ عَنْهُ مِنْ قَبُولِهَا لِأَمْرٍ حَاكَ فِي صَدْرِهِ. فَفَطِنَ السُّلْطَانُ لِذَلِكَ، فَكَلَّمَهُ بِمَا أَزَاحَ عَنْهُ وَجْهَ الإِشْكَالِ فِي أَمْرِهِ. ثُمَّ بَعْدَ أَيَّامٍ مِنْ سُكْنَاهُ أَخْبَرَ الخَاصَّةَ مِنْ أَصْحَابِهِ بِأَنَّهُ إِنَّمَا يَسْكُنُهَا بِإِذْنٍ مِنَ النَّبِيِّ صَلَّى اللَّهُ عَلَيْهِ وَسَلَّمَ، وَأَنَّهُ عَلَيْهِ الصَّلَاةُ وَالسَّلَامُ أَمَرَهُ أَنْ يَتَصَدَّقَ بِمِقْدَارِ كِرَائِهَا عَلَى المَسَاكِينِ. وَكَانَ يَتَصَدَّقُ بِذَلِكَ خُبْزاً عِنْدَ انْقِضَاءِ كُلِّ شَهْرٍ مِنْ أَشْهُرِ المُدَّةِ الَّتِي سَكَنَ بِهَا إِلَى أَنْ تُوُفِّيَ رَضِيَ اللَّهُ عَنْهُ.

وَلَمَّا أُذِنَ لِسَيِّدِنَا رَضِيَ اللَّهُ عَنْهُ فِي بِنَاءِ الزَّاوِيَةِ المُبَارَكَةِ بِفَاس بَعَثَ لَهُ مَوْلَانَا سُلَيْمَانُ مَرَّتَيْنِ فِي كُلِّ وَاحِدَةٍ أَلْفُ رِيَالٍ، وَقَالَ لَهُ: اسْتَعِنْ بِهِمَا عَلَى بِنَائِهَا. فَرَدَّهُمَا الشَّيْخُ رَضِيَ اللَّهُ عَنْهُ، وَقَالَ لَهُ «أَمْرُهَا قَائِمٌ بِاللَّهِ». فَأَلَحَّ عَلَيْهِ فِي قَبُولِهَا، فَامْتَنَعَ سَيِّدُنَا رَضِيَ اللَّهُ عَنْهُ مِنْ صَرْفِهَا فِي شُؤُونِهَا بَلْ أَمَرَ بِالصَّدَقَةِ بِهِمَا عَلَى الفُقَرَاءِ وَالضُّعَفَاءِ. وَتُوُفِّيَ مَوْلَانَا سُلَيْمَانُ رَحِمَهُ اللَّهُ بِمَدِينَةِ مُرَّاكُش يَوْمَ الخَمِيسِ 13 رَبِيعِ الأَوَّلِ عَامَ 1238 وَقَبْرُهُ هُنَاكَ مَشْهُورٌ رَحِمَهُ اللَّهُ[1].

27– سَيِّدِي أَبُو عَبْدِ اللَّهِ مُحَمَّدُ بْنُ أَحْمَدَ الفَاضِلُ البَرَكَةُ، أَحَدُ أَصْحَابِ سَيِّدِنَا رَضِيَ اللَّهُ عَنْهُ وَأَوَّلِهِمْ أَخْذاً عَنْهُ مِنْ مَدِينَةِ فَاسٍ[2].

1ـ كشف الحجاب: (ص:495).

2ـ كشف الحجاب:(ص: 505).

28- السَّيِّدُ بُوعَزَّ البَرْبَرِي، البَرَكَةُ الصَّالِحُ، الشَّرِيفُ الجَلِيلُ، مِنْ ذَوِي المَحَبَّةِ الصَّادِقَةِ فِي الجَنَابِ الأَحْمَدِي، وَهُوَ الشَّرِيفُ الَّذِي قَدِمَ عَلَى الشَّيْخِ رَضِيَ اللَّهُ عَنْهُ مُخْتَفِياً لِلْإِجْتِمَاعِ بِسَيِّدِنَا فِي جَمْعِ القَبَائِلِ الَّتِي جَمَعَ الفَتَّانُ الشَّهِيرُ بِامْهَاوُشْ. وَالقَضِيَّةُ مَشْهُورَةٌ.

وَقَدْ ذَكَرَ فِي البُغْيَةِ قَضِيَّتَهُ لَكِنَّهُ لَمْ يُسَمِّهِ. فَقَالَ: قَدْ حَدَّثَنِي بَعْضُ الشُّرَفَاءِ الأَفَاضِلِ الأَخْيَارِ مِمَّنْ أَخَذَ عَنْ سَيِّدِنَا الشَّيْخِ رَضِيَ اللَّهُ عَنْهُ، أَنَّهُ كَانَ قَاطِناً بِبِلَادِ البَرْبَرِ بِأَهْلِهِ. فَلَمَّا كَانَتِ السَّنَةُ الَّتِي جَمَعَ فِيهَا الفَتَّانُ الشَّهِيرُ بِامْهَاوُشْ جَمِيعَ قَبَائِلِ البَرْبَرِ، وَتَحَزَّبُوا عَلَى أَنْ يَتْبَعُوهُ إِلَى أَنْ يَدْخُلَ فَاساً، وَيُفْسِدَ مُلْكَهَا، وَيَعِيثَ فِي أَرْضِهَا، فَوَافَقُوهُ عَلَى ذَلِكَ وَسَارُوا بِمَا لَا يُحْصَى كَثْرَةً مِنَ الخَيْلِ وَالرَّجَّالَةِ قَاصِدِينَ إِلَى فَاسَ. قَالَ المُحَدِّثُ: فَسِرْتُ مَعَهُمْ مُخْتَفِياً، وَقَصْدِي الإِجْتِيَازُ إِلَى فَاسَ. فَلَمَّا نَزَلُوا بِأَقْرَبِ الجِبَالِ مِنْ فَاسَ تَرَكْتُهُمْ، وَمَضَيْتُ إِلَى فَاسَ.

وَكَانَ مِنْ أَهَمِّ الأُمُورِ عِنْدِي بِفَاسَ الإِنْخِرَاطُ فِي سِلْكِ سِلْسِلَةِ أَهْلِ اللَّهِ تَعَالَى. فَاتَّفَقَ أَنْ ذُكِرَ لِي الشَّيْخُ رَضِيَ اللَّهُ عَنْهُ، وَطَرِيقُهُ وَبَعْضُ فَضَائِلِهَا. فَسَأَلْتُ عَنْهُ، ثُمَّ قَصَدْتُ إِلَيْهِ فِي الحِينِ، فَأَذِنَ لِي فِي الدُّخُولِ عَلَيْهِ بِبَابِ دَارِهِ. فَأَلْفَيْتُهُ مُشْتَغِلاً بِالذِّكْرِ وَهُوَ قَائِمٌ يَذْهَبُ وَيَجِيءُ. فَأُشِيرَ عَلَيَّ بِالجُلُوسِ حَتَّى يَفْرُغَ. فَجَلَسْتُ حَتَّى إِذَا فَرَغَ قُمْتُ إِلَيْهِ، وَسَلَّمْتُ عَلَيْهِ.

فَسَأَلَنِي مِنْ أَيْنَ أَقْبَلْتُ؟ وَعَنْ نَسَبِي وَأَحْوَالِي وَمَقْصَدِي. فَأَخْبَرْتُهُ. ثُمَّ طَلَبْتُ مِنْهُ تَلْقِينَ وِرْدِهِ، فَلَقَّنَنِي. ثُمَّ اسْتَشَرْتُهُ فِي الاِنْتِقَالِ مِنْ بِلَادِ البَرْبَرِ إِلَى بَعْضِ المُدُنِ، فَقَالَ لِي «نِسَاؤُهُمْ يُصَلِّينَ؟» فَقُلْتُ لَهُ: يَا سَيِّدِي بَعْضُهُنَّ يُصَلِّي. فَأَشَارَ عَلَيَّ بِعَدَمِ الإِنْتِقَالِ فِي ذَلِكَ الوَقْتِ.

وَحِينَ أَرَدْتُ تَوْدِيعَهُ، سَأَلَنِي عَنِ الفَتَّانِ المَذْكُورِ وَمَنْ مَعَهُ وَمَاذَا يُرِيدُ؟ فَأَخْبَرْتُهُ بِمَا هُوَ عَلَيْهِ، وَمَنْ مَعَهُ مِنَ القُوَّةِ وَالشِّدَّةِ، وَبِمَا يُرِيدُونَ. فَالْتَفَتَ رَضِيَ اللَّهُ عَنْهُ إِلَى نَاحِيَتِهِمْ، وَمَدَّ كَفَّهُ

وَقَالَ: أُفْ. ثُمَّ تَوَادَعْتُ مَعَهُ، وَدَعَا لِي بِخَيْرٍ. فَتَوَجَّهْتُ مِنْ حِينِي وَخَرَجْتُ.

وَفِي صَبِيحَةِ الغَدِ، وَصَلْتُ إِلَى المَحَلِّ الَّذِي تَرَكْتُ فِيهِ امْهَاوُش وَمَنْ مَعَهُ. فَسَأَلْتُ عَنْهُمْ، فَقِيلَ انْهَزَمُوا بِالأَمْسِ وَقْتَ كَذَا وَسَارُوا لَا يَلْوِي أَحَدٌ مِنْهُمْ عَلَى أَحَدٍ، وَلَمْ يَدْرِ أَحَدٌ مَا سَبَبُ ذَلِكَ. قَالَ: فَلَمْ أَشُكَّ فِي أَنَّهُمْ هُزِمُوا فِي السَّاعَةِ الَّتِي نَفَخَ فِيهَا الشَّيْخُ رَضِيَ اللَّهُ عَنْهُ نَحْوَ نَاحِيَتِهِمْ، وَأَنَّ اللَّهَ قَذَفَ فِي قُلُوبِهِمْ الرُّعْبَ بِبَرَكَةِ هِمَّةِ سَيِّدِنَا رَضِيَ اللَّهُ عَنْهُ اهـ .[1].

29- السَّيِّدُ مُحَمَّدُ بْنُ جَلُّونَ أَحَدُ المُنْشِدِينَ بِحَضْرَةِ الشَّيْخِ رَضِيَ اللَّهُ عَنْهُ، تَكَادُ الطَّيْرُ تَسَّاقَطُ لِسَمَاعِ صَوْتِهِ، مَعَ الدِّيَانَةِ التَّامَّةِ، وَالقِيَامِ عَلَى سَاقِ الجِدِّ فِي سُلُوكِ الطَّرِيقَةِ. وَكَانَ سَافَرَ لِلْحَجِّ مَعَ الرَّكْبِ المَغْرِبِيِّ، فَبَيْنَمَا هُوَ فِي الطَّرِيقِ إِذْ نَزَلَ لِلِاسْتِرَاحَةِ، فَغَلَبَتْهُ عَيْنَاهُ، فَنَامَ، فَمَا اسْتَيْقَظَ حَتَّى ذَهَبَ

1. كشف الحجاب:(ص: 512).

الرَّكْبُ، فَلَمْ يَجِدْ لَهُ خَبَراً. فَبَقِيَ جَالِساً فِي مَوْضِعِهِ طُولَ لَيْلَتِهِ، ثُمَّ اسْتَغَاثَ بِالشَّيْخِ رَضِيَ اللَّهُ عَنْهُ فِي تَخْلِيصِهِ مِنْ هَذِهِ الوَرْطَةِ، وَرَفَعَ صَوْتَهُ بِالإِسْتِغَاثَةِ، فَمَا أَتَمَّ نِدَاءَهُ حَتَّى وَقَفَ بِجَنْبِهِ شَخْصٌ وَقَالَ لَهُ : إِنْ كُنْتَ تَطْلُبُ الرَّكْبَ فَقُمْ مَعِي. فَخَطَا بِهِ خُطُوَاتٍ فَوَجَدَ الرَّكْبَ مُقِيماً. وَكَانَتْ بَيْنَهُ وَبَيْنَ المَحَلِّ الَّذِي وَجَدَ فِيهِ الرَّكْبَ مَسَافَةٌ بَعِيدَةٌ. فَلَمَّا وَصَلَ إِلَيْهِمْ لَمْ يَجِدْ أَثَراً لِذَلِكَ الشَّخْصِ. وَمَا ذَلِكَ إِلَّا بِبَرَكَةِ سَيِّدِنَا رَضِيَ اللَّهُ عَنْهُ[1].

30- السَّيِّدُ عَمِّ أَحْمَدُ بَنُّونَهْ المُلَقَّبُ بِالنِّيَّةِ: كَانَ رَضِيَ اللَّهُ عَنْهُ ذَا هِمَّةٍ عَالِيَةٍ، وَدُنْيَا وَاسِعَةٍ جِدّاً. شَدِيدَ البَحْثِ عَنِ الأَوْلِيَاءِ، وَالتَّبَرُّكِ بِالصَّالِحِينَ مِنْهُمْ وَبِالمَجَاذِيبِ عَلَى اخْتِلَافِ طَبَقَاتِهِمْ، وَيُصَاحِبُهُمْ. وَتَلَقَّى مِنْهُمْ أَذْكَاراً كَثِيرَةً. وَلَمَّا تَلَاقَى مَعَ سَيِّدِنَا رَضِيَ اللَّهُ عَنْهُ وَرَآهُ بِقَلْبِهِ وَقَالَبِهِ صَارَ يَتَحَبَّبُ إِلَى سَيِّدِنَا رَضِيَ اللَّهُ عَنْهُ بِالمَوَدَّاتِ، وَلَا يُفَارِقُهُ فِي غَالِبِ الأَوْقَاتِ.

---

[1] ـ كشف الحجاب: ص: 515.

وَطَلَبَ المَرَّةَ بَعْدَ المَرَّةِ مِنْ سَيِّدِنَا رَضِيَ اللَّهُ عَنْهُ أَنْ يُلَقِّنَهُ وِرْدَهُ الشَّرِيفَ، وَسَيِّدُنَا رَضِيَ اللَّهُ عَنْهُ يَقُولُ لَهُ « بِشَرْطِ أَنْ تَتْرُكَ جَمِيعَ مَا عِنْدَكَ مِنَ الأَذْكَارِ اللَّازِمَةِ مِنَ المَشَايِخِ الَّذِينَ أَخَذْتَ عَنْهُمْ ». فَلَمْ تَسْمَحْ نَفْسُهُ بِذَلِكَ، إِلَى أَنْ رَأَى مَا رَأَى مِمَّا كَانَ سَبَباً فِي أَخْذِهِ لِطَرِيقَةِ سَيِّدِنَا رَضِيَ اللَّهُ عَنْهُ.

وَذَلِكَ مَا رَوَاهُ سَيِّدِي أَحْمَدُ سُكَيْرِجُ سَمَاعاً مِنَ السَّيِّدِ عَبْدِ السَّلَامِ بَنَّانِي عَنْ عَمِّهِ الفَقِيهِ سَيِّدِي أَحْمَدَ كَلَّا، حَدَّثَهُ أَنَّ صَاحِبَ التَّرْجَمَةِ لَمَّا امْتَنَعَ سَيِّدُنَا رَضِيَ اللَّهُ عَنْهُ مِنْ تَلْقِينِهِ وِرْدَهُ إِلَّا عَنْ قَبُولِهِ لِشَرْطِهِ، قَامَ فِي لَيْلَةٍ مُبَارَكَةٍ وَذَكَرَ فِيهَا جَمِيعَ أَذْكَارِهِ، وَطَلَبَ مِنَ اللَّهِ تَعَالَى أَنْ يُرِيَهُ مَرْتَبَةَ سَيِّدِنَا رَضِيَ اللَّهُ عَنْهُ، فَرَأَى فِي رُؤْيَا ذَاتَ سَيِّدِنَا رَضِيَ اللَّهُ عَنْهُ تَكْبُرُ إِلَى أَنْ بَلَغَتِ الغَايَةَ فِي العِظَمِ، وَسَدَّتِ الأُفُقَ،

فَصَارَ يَتَمَلَّقُ بَيْنَ يَدَيْ سَيِّدِنَا رَضِيَ اللَّهُ عَنْهُ فِي تِلْكَ الرُّؤْيَا لِمَا حَصَلَ لَهُ مِنَ الدَّهَشِ المُفْرِطِ، إِلَى أَنِ اسْتَيْقَظَ مِنْ مَنَامِهِ،

فَقَامَ مِنْ حِينِهِ وَذَهَبَ إِلَى الزَّاوِيَةِ المُبَارَكَةِ، وَسَأَلَ عَنْ سَيِّدِنَا رَضِيَ اللَّهُ عَنْهُ، فَقِيلَ لَهُ إِنَّهُ فِي النُّزْهَةِ بِالمَحَلِّ الفُلَانِي، فَذَهَبَ إِلَى دَارِهِ وَهَيَّأَ مَا يَصْلُحُ لِلْغِذَاءِ، وَخَرَجَ فِي طَلَبِهِ أَيْنَ هُوَ.

ثُمَّ إِنَّ سَيِّدَنَا رَضِيَ اللَّهُ عَنْهُ قَالَ لِأَصْحَابِهِ الحَاضِرِينَ مَعَهُ : لِيَقُمْ أَحَدُكُمْ لِمُلَاقَاةِ أَحَدِ أَصْحَابِنَا فَإِنَّهُ فِي وَسَطِ الطَّرِيقِ لَمْ يَدْرِ أَيْنَ مَحَلُّنَا، فَقَامَ أَحَدُهُمْ إِلَيْهِ فَأَتَى بِهِ، وَلَمَّا اطْمَأَنَّ بِهِ المَجْلِسُ أَرَادَ أَنْ يَقُصَّ الرُّؤْيَا عَلَى سَيِّدِنَا رَضِيَ اللَّهُ عَنْهُ بِذَلِكَ المَجْمَعِ المُبَارَكِ، فَمَا اسْتَتَمَّ هَذَا الخَاطِرَ حَتَّى الْتَفَتَ إِلَيْهِ سَيِّدُنَا رَضِيَ اللَّهُ عَنْهُ وَقَالَ حَاكِياً لِأَصْحَابِهِ وَمُرَادُهُ صَاحِبُ التَّرْجَمَةِ مَا مُضَمَّنُهُ:

إِنَّ بَعْضَ النَّاسِ كَانَ مُصَاحِباً لِبَعْضِ المَشَايِخِ، وَلَهُ أَذْكَارٌ كَثِيرَةٌ تَلَقَّاهَا عَنْهُمْ، وَكَانَ يَطْلُبُ مِنْهُ أَنْ يَأْذَنَ لَهُ فِي طَرِيقِهِ، فَامْتَنَعَ مِنْ ذَلِكَ إِلَّا عَلَى شَرْطِ تَرْكِ جَمِيعِ أَوْرَادِ غَيْرِهِ، فَلَمْ تَسْمَحْ نَفْسُهُ بِذَلِكَ، وَلَمْ يَأْذَنْ ذَلِكَ الشَّيْخُ إِلَّا عَنْ قَبُولِ ذَلِكَ

الشَّرْطِ، فَطَلَبَ ذَلِكَ المُرِيدُ مِنَ اللَّهِ تَعَالَى أَنْ يُرِيَهُ مَقَامَ ذَلِكَ الشَّيْخِ، فَرَأَى ذَلِكَ المُرِيدُ ذَاتَ ذَلِكَ الشَّيْخِ سَدَّتِ الأُفُقَ، ثُمَّ اسْتَيْقَظَ مِنْ مَنَامِهِ وَذَهَبَ إِلَى ذَلِكَ الشَّيْخِ لِيَأْخُذَ عَنْهُ مَعَ الوَفَاءِ بِشَرْطِهِ، فَوَجَدَهُ جَالِساً مَعَ بَعْضِ أَصْحَابِهِ، فَأَذِنَ لَهُ قَبْلَ أَنْ يُعْلِمَهُ بِالرُّؤْيَا، وَنَهَاهُ عَنْ إِفْشَائِهَا لِأَحَدٍ مِنْ خَلْقِ اللَّهِ، وَأَنَّهُ إِنْ أَفْشَاهَا يَمُوتُ.

ثُمَّ الْتَفَتَ الشَّيْخُ رَضِيَ اللَّهُ عَنْهُ إِلَى صَاحِبِ التَّرْجَمَةِ وَلَقَّنَهُ الطَّرِيقَةَ، وَتَفَطَّنَ لِمَا أَشَارَ إِلَيْهِ الشَّيْخُ رَضِيَ اللَّهُ عَنْهُ، وَأَسَرَّ الرُّؤْيَا فِي نَفْسِهِ إِلَى أَنْ تُوُفِّيَ سَيِّدُنَا رَضِيَ اللَّهُ عَنْهُ، وَمَرِضَ صَاحِبُ التَّرْجَمَةِ مَرَضَ مَوْتِهِ، فَأَخْبَرَ بِذَلِكَ الحَاضِرِينَ عِنْدَهُ، وَمِنْ جُمْلَتِهِمْ المُحَدِّثُ، ثُمَّ تَوَفَّاهُ اللَّهُ تَعَالَى.[1]

1ـ كشف الحجاب: (ص: 517).

صُورَةٌ لِلشَّرِيفِ الجَلِيلِ سَيِّدِي أَحْمَدَ عَمَّارٍ نَجْلِ سَيِّدِي مُحَمَّدٍ الحَبِيبِ بْنِ الشَّيْخِ أَبِي العَبَّاسِ سَيِّدِي أَحْمَدَ التِّجَانِي رَضِيَ اللَّهُ عَنْهُ

صُورَةٌ لِلشَّرِيفِ الجَلِيلِ سَيِّدِي مَحْمُودٍ بْنِ سَيِّدِي مُحَمَّدٍ البَشِيرِ بْنِ سَيِّدِي مُحَمَّدٍ الحَبِيبِ بْنِ الشَّيْخِ سَيِّدِي أَحْمَدَ التِّجَانِي رَضِيَ اللَّهُ عَنْهُ

صُورَةٌ لِسَادَاتِنَا الشُّرَفَاءِ خُلَفَاءِ الطَّرِيقَةِ التِّجَانِيَةِ مُنْذُ وَفَاةِ جَدِّهِمْ الشَّيْخِ أَبِي العَبَّاسِ التِّجَانِي إِلَى يَوْمِنَا هَذَا

صُورَةٌ لِلسَّيِّدِ وَالِدِي الشَّرِيفِ الجَلِيلِ سَيِّدِي البَشِيرِ نَجْلِ الخَلِيفَةِ الرَّاحِلِ سَيِّدِي امْحَمَّد بْنِ سَيِّدِي مَحْمُودَ التِّجَانِي رَضِيَ اللَّهُ عَنْهُ فِي مُقَابَلَةِ ضَرِيحِ جَدِّهِ القُطْبِ المَكْتُومِ الشَّيْخِ أَبِي العَبَّاسِ التِّجَانِي رَضِيَ اللَّهُ عَنْهُ

صُورتِي (المُؤَلِّف) بِجَانِبِ السَّيِّدِ الوَالِدِ الشَّرِيفِ سَيِّدِي البَشِيرِ التِّجَانِي رَضِيَ اللَّهُ عَنْهُ

الصُّورَةُ التَّعْبِيرِيَّةُ المَشْهُورَةُ لِلْوَلِّي الصَّالِحِ سَيِّدِنَا سَيِّدِي مَحْمُودٍ حَفِيدِ الشَّيْخِ أَبِي العَبَّاسِ التِّجَانِي مَعَ أَحَدِ الأُسُودِ الَّتِي سَخَّرَهَا اللهُ لَهُ

فَهْرِسُ المُحْتَوَيَاتِ

الفَصْلُ الأَوَّلُ: تَرْجَمَةُ سَيِّدِنَا الشَّيْخِ أَحْمَدَ بْنِ مُحَمَّدٍ التِّجَانِي 5

1) نَسَبُ سَيِّدِنَا الشَّيْخِ أَحْمَدَ التِّجَانِي رَضِيَ اللَّهُ عَنْهُ 8

2) نَشْأَةُ سَيِّدِي الشَّيْخِ أَحْمَدَ التِّجَانِي وَدِرَاسَتُهُ..................10

3) وَفَاةُ وَالِدَيْ سَيِّدِنَا الشَّيْخِ رَضِيَ اللَّهُ عَنْهُ 16

4) أَوْلَادُ سَيِّدِنَا الشَّيْخِ التِّجَانِي وَأَزْوَاجُهُ رَضِيَ اللَّهُ عَنْهُمْ..............16

5) رِحْلَتُهُ رَضِيَ اللَّهُ عَنْهُ الأُولَى إِلَى فَاسٍ، وَخُرُوجُهُ إِلَى الصَّحْرَاءِ:........19

6) حَجُّهُ رَضِيَ اللَّهُ عَنْهُ، وَزِيَارَةُ النَّبِيِّ صَلَّى اللَّهُ عَلَيْهِ وَسَلَّمَ 26

7) العَوْدَةُ مِنَ المَشْرِقِ إِلَى المَغْرِبِ وَالرِّحْلَةُ الثَّانِيَةُ إِلَى فَاسٍ: 30

8) إِدْرَاكُ الوِلَايَةِ وَالقُطْبَانِيَّةِ بِأَبِي سَمْغُونَ بِفَضْلِ العِنَايَةِ المُحَمَّدِيَّةِ......33

الفَصْلُ الثَّانِي: شُرُوطُ الطَّرِيقَةِ التِّجَانِيَةِ: 41

1) شُرُوطُ صِحَّةِ التَّلْقِينِ 41

2) شُرُوطُ الصُّحْبَةِ: 42

3) الشُّرُوطُ العَامَّةُ.......................................45

4) شُرُوطُ صِحَّةِ أَدَاءِ الأَوْرَادِ:.............................47

5) الشُّرُوطُ المُكَمِّلَةُ: 47

6) كَيْفِيَّةُ قِرَاءَةِ الأَوْرَادِ: 48

الفَصْلُ الثَّالِثُ: تَرَاجِمُ بَعْضِ كُبَرَاءِ أَصْحَابِ الشَّيْخِ رَضِيَ اللهُ عَنْهُ: 54

فَهْرَسُ المُحْتَوَيَاتِ 97